# ワーク・エンゲージメントの実践法則

WORK ENGAGEMENT

テレワークによって
生産性が下がる企業、
上がる企業

柴田郁夫

大学教育出版

# まえがき ― 新型コロナで日本の〝仕事〟が変わった ―

## アナログ上司とネット世代の若手部下は立場が逆転

これはある建設会社のお話です。新卒で入社した20代男性Aさんは、50代後半の男性部長から、いつもお説教をされていました。

「君たちの世代はすぐにインターネットで検索して、何でも知った気になるだろう。オレたちの頃は、営業は足でするものだった。お客さんを夜遅くまで接待し、何度も頭を下げて、信頼関係を築いてきた。メールで済ませるなんて、相手に失礼だぞ」

そう言って、部長はAさんを、いつも得意先の接待に夜遅くまで付き合わせていました。

「いつものあれ、頼むよ」

部長はウェブで資料を見るのが苦手です。Aさんは、毎晩、紙の資料を何十部も印刷し、ホチキスで留める作業を、部長の指示でやっていました。Aさんは、それをすべてサービス残業で行っていたのです。

（部長のネットリテラシーが上がってくれるか、早く配置換えが起こらないかな）

Ａさんはそんな思いを抱きながら、毎日つらい残業に耐えていました。ところが、新型コロナ騒動が発生し、経営幹部から通達がありました。

「今後は全社一斉に、テレワークに切り替える」

在宅勤務を命じられたＡさんは、普段からインターネットに馴染んでいるため、すぐにテレワークの環境を整えることができました。また、スムーズなウェブ会議で「痒いところに手が届くサービス」をスピーディーに顧客に提供することができ、営業成績も向上しました。

一方、今までかたくなにＩＴ化を拒絶してきた部長は、プライドを捨て、頭を下げてＡさんに頼み込み、テレワークの環境を整えました。今ではＡさんに頭が上がらず、部長がＡさんに教えを仰ぐ立場になってしまいました。

Ａさんは、ムダなサービス残業がなくなり、上司との関係も改善できたことから、今まで以上にモチベーション高く仕事に励んでいます。Ａさんや、他の若手社員のおかげで、営業部の数字は、前年比１５０％を記録しました。

２０２０年、新型コロナウイルスパンデミックという前代未聞の世界同時多発危機が起きました。それにより、客足が絶えた商業施設や娯楽施設、飲食店などを筆頭に、商品を卸していた会社、商品やその部品を製造し、輸送していた会社、広告を打っていた会社、などなどが連鎖的に不況となり、悲しいことに、倒産してしまう企業もあとを絶ちません。その上、政府からの外出自粛要請により社員全員にパソコンを支給するなど在宅勤務への移行に伴う経費増大も会社にとっては非常に痛手です。

本書では、避けられない**テレワーク化を活用し、逆転の発想で、生産性向上による倒産危機回避、そしてV字回復を実現するヒントを網羅しています。**

テレワークの導入に、こんな悩みはつきものです。

「テレワークのメリットをいまひとつ感じられず、導入を渋ってしまう」

「テレワーク導入には不安のほうが大きく、外出自粛が要請される中、社員を無理矢理出勤させてしまう」

「テレワークへの苦手意識がある社員が多く、逆に業務が停滞してしまう」

「テレワークを導入したものの、自社の商品が売れない以上、倒産は避けられない」

本書は、そのような悩みを解決する本です。

## ワーク・エンゲージメントがテレワークの生産性を2倍にする

「同僚には言えないけど、俺、リモートワークが始まってから、実はサボってばっかり（笑）」

「私も、パソコンの前にいると、ついYouTubeを見ちゃう」

これは、最近リモートワークを導入した会社に勤める、30代前半の、友人同士の会話です。離れて働くことで、ZOOM会議の時間以外、上司や同僚の監視の目に晒されなくなりました。それによって、会社への帰属意識が、徐々に下がり始めているようです。そして、仕事の生産性が8割、7割と下がっているのです。

こんな人たちは、今、確実に増えています。「なんのためにこの仕事をしているのか？」がだんだんと、わからなくなっているのです。世の中全体がテレワーク化することで、**社員は「何のために働いてたんだっけ？」と感じてしまっています。**

**社員がやる気をなくしたり、生産性や売上が下がったり、企業にとってのコロナの二次災害は、これからやってきます。**

そこで私が伝えたいのは「WEテレワーク」です。（WEは「ワーク・エンゲージメント」の略）エンゲージメント・リングは「婚約指輪」を意味しますが、「ワーク＝仕事」に「エンゲージメント＝心を一つにする」という意味です。

これは、会社が掲げる理念や存在意義と、社員一人ひとりの在り方、生き方、そして未来への希望を一致させ「心を一つにする」ということです。

例えば、企業理念が「自社の商品を通じて人間同士のコミュニケーションを創出し、心をつなぐ」というものであったとします。

その一方、ある女性社員の人生の目標は、「早く結婚したい」だったりします。ここで、「人と人の心をつなぐ」という共通点に注目するのです。「ユーザーの満足度を第一に考える心や顧客へのサービス精神があれば、やがて人の心を掴み、誠実で優しいパートナーを得ることができる」。こういったシナリオを女子社員と共有することで、彼女は今の仕事を天職だと感じ、納得します。

これが、社員のモチベーションが自動的に上がる仕組みです。結果的に、**会社の生産性が上がり、また、社員も夢に向かってイキイキと働き、会社全体が豊かになっていきます。**これがワーク・エンゲージメントであり、**単にテレワークを導入するということとの大きな違い**があるのです。

## 人はどのようにして自分のいる会社を好きになるのか？

ムダな通勤時間、ムダな残業をなくし、本当に生産性を感じられる働き方ができてこそ、人は仕事への熱意が刺激されるものです。

私たちは人生の大半を働く時間に振り向けているのですから、働くことを充実させることは、私たち自身の人生を充実させることにつながります。

「人はどのようにして自分の会社を好きになるのか？」、このことについての一つの結論は、その会社が、個人（従業員）が望んでいることの実現をサポートできているかどうか、という点にかかっている、ということです。

そのような個人（従業員）と会社との関係を作り出すために、私たちのコンサルタント・ファームでは、組織の構成員一人ひとりが「人生で本当に何を望んでいるのか」を問うところから始めます。そして並行して、会社（組織）がどのような方向に進んで行きたいと思っているのか、という組織のビジョンも問うていきます。

個人と組織の2つのビジョン（思いや目標）を調整していくのが、私たちの主要な仕事です。

私はこうしたコンサル業務を行うためのスキルを、カウンセリングの技量を身に付け、キャリアコンサルタントという国家資格を取得し、さらに組織開発（ＯＤ）という分野での研究と実践を進めることを通じて高めてきました。

私のライフワークは、**いきいきと仕事をすることで人生を豊かにする喜びを一人でも多くの人に味わってもらう**、そのお手伝いをすることです。

私は約30年前からテレワークを活用し、さまざまな経営者の方、中間管理職の方、また、実務に携わるビジネスパーソンの方々の問題解決をサポートしてきました。テレワーク化の最大活用とそれによる一刻も早い企業の再生において本書はきっと、お役に立てると思います。

最後になりましたが、本書発行には、株式会社天才工場の吉田浩氏、また、編集に際しては、久野友萬氏、潮風洋介氏に多大なるご尽力をいただきました。この場を借りて御礼申し上げます。

２０２１年８月

柴田郁夫

ワーク・エンゲージメントの実践法則

# 目次

## 第6章 テレワーク導入に欠かせない ワーク・エンゲージメントの実践方法

## 第8章　売上が10分の1になっても、あきらめなくて大丈夫！……209

第１章

# テレワークに失敗する企業は９割が倒産する

## 新型コロナで、もはや対面完結ビジネスは成り立たない

新型コロナでビジネススタイルは根本から変わります。

飲食店をはじめとする店と客が対面するビジネスが形を変わらざるをえないのは当然として、営業のような人間力で動かしてきた仕事のスタイルも通用しなくなるかもしれません。

私が参加している、ＢＮＩ（ビジネスネットワークインターナショナル）という世界最大級のビジネス交流組織では、チャプターという支部から成っています。日本には約２５０チャプター、世界全体では1万近くチャプターがあります。参加者はそれぞれのチャプターに参加します。

参加者の多くは経営者や弁護士や税理士のような士業です。勉強会や食事会で親睦を深めてビジネスでも協力し合ってきました。

あるチャプターに40人が参加しているとすると、参加者本人以外の39人は、その本人の営業マンという考え方をします。本人も、他の39人の営業マンになります。互いが互いをセールスしてあげるわけです。そしてリファーラルマーケティング（リファーラルは「紹介」を意味する）と呼ばれる方法でビジネスを進めます。

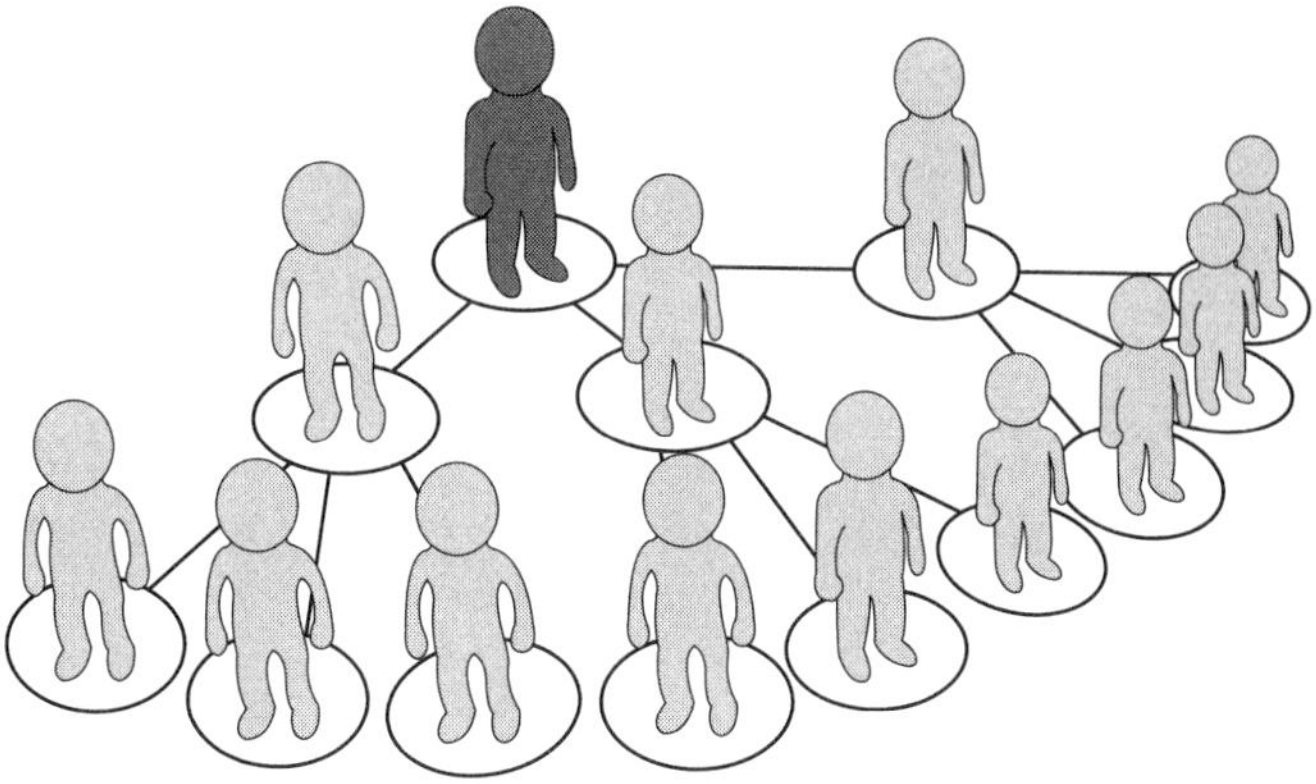

異業種交流会などで、会員同士が互いに信頼できる人脈を紹介し合うことでビジネスを拡大していくやり方をリファーラルマーケティングと呼ぶ

図 1-1　リファーラルマーケティングの概念図

ビジネス関係にない相手を自分の知り合いに紹介することはリスキーだと考えるかもしれません。自分が知らないところで、もしマルチ商法や宗教への勧誘をされたら自分の信用がなくなります。仕事にマイナスの影響も出るでしょう。ＢＮＩのやり方ができるのは、全員が同じ場で会って親密になり、信頼し合うという過程があったからです。だからこそ、この人を紹介できると自信をもって知人につなぐことができるわけです。

しかし、コロナでそういうわけにもいかなくなりました。直接集まると三密です。ＢＮＩでもＷｅｂミーティングアプリのＺＯＯＭをコロナ禍の初期から使い出しました。

当初は会って仲良くなって、というプロセスを抜きにして成立するのか？ 疑問でしたが、回数を重ねるうちに考え方も変わってきました。**実際に会わなくても信頼を醸成できるんだ、**オンラインでも十分に今までと同じように信頼し合えるんだ、というふうに意識が変わってきたのです。

むしろオンラインだからこそ、よりお互いを信頼し合えるのでないか、と今ではメンバー全員が考えています。

これはすごい意識の変化だと思います。今までの営業は

「相手の信頼を得て」

「お客様の信頼を得て」

と必ず言っていたと思います。そのためには直接会って、またできれば一緒に食事をして、と言われてきました。しかし実はそうじゃなかった。

もしかしたら**リアルよりもネットのほうが生産性は高く、効率的にクロージング（成約）で**きるのではないか。新型コロナによって、そういうことにみんな気がついたのです。

この感じ方ができない、**時代の変化の波に乗れない人や会社は間違いなく経営難**に陥ります。

## 「リモートで儲からない」のではなく「リモートだから儲かる」

コロナショックで多くの企業が苦境に陥りましたが、中にはネットショッピングを始めたことで、今まで以上に売上がある企業も出てきています。ピンチはチャンスと言いますが、**発想を変えて対応することで企業も体力がつく**のです。

今までと同じことをリモートにするのが第一段階なら、次はリモートだから何ができるのかを考えるべきです。コロナショックを変化のチャンスと考えている企業はもっと先まで行っています。この**ピンチにこそ儲けよう**としています。

美容師でも、本当ならお客様と会わないと仕事にならない。しかし緊急事態ということで、リモートで相談を受け付けている美容院があります。

あなたの髪はこうしたほうがいいですよ、こう切ったほうがいいですよとZOOMでアドバイスする。売上は対面に比べればまったく低いわけですが、これによってお客様が他の美容院へ行くことを食い止めることができる。従業員にとっても、まったくの素人に教えることで気づきがある。そうしたリモートへ対応しようとする努力の先に新しい事業の芽が見えてくると思います。

美容室がオンラインで、ヘアスタイル等のカウンセリングサービスを始めた（オンライン美容室 dot.　http://dotjpn 2013. com/）

図 1-2　オンライン美容室

これから失業が増え、転職も増えます。テレワークによってこれまで旅館を経営していた会社がまったく別のビジネスを始めることもありえます。昔ながらの旅館の仲居さんが系列のレストランでソムリエになってもらうようなこともあるでしょう。

コスプレイヤーの撮影スタジオに変えるとか、外国人向けのレンタルオフィスに衣替えするとか可能性はいくらでもあり、それに合わせて新しい人材を雇っています。

**テレワークは企業のみならず産業構造そのものを変えていく**と考えられます。

## 従業員のストレスの7割はリアル対面が引き起こしている

ストレスという言葉は便利に使われますが、正式には『外部からの刺激で身体の恒常性が失われた状態』をストレスと呼びます。ストレスは状態であり、そうした状態の原因となる「ストレッサー」には騒音や気温の変化などの物理的ストレッサー、化学物質や薬物、添加物などの化学的ストレッサー、それに不安や怒り緊張などの心理的ストレッサーがあります。その中でも特に重要視できるのは、職場での人間関係から引き起こされる心理的、また社会的とも言えるストレッサーではないでしょうか。

厚生労働省が平成9年から5年ごとに行っている『労働者健康状況調査』によると、仕事や職業生活で「強い不安、悩み、ストレスがある」労働者の割合は62・8％、普段の仕事で神経が「疲れる」割合は74・5％で、疲労を翌朝に持ちこす労働者の割合は約6割という結果が出ています。

パワハラやセクハラはリモートワークでも起きますが、対面とはずいぶん違います。成績が悪く怒られるにしても、電話やZOOMでは迫力が全然ないですし、いざとなれば、ミュートにするなりログアウトすればいいわけです。テレワークは、ストレス軽減には大きく作用するのではないでしょうか。

もちろん、言葉によるハラスメントは、オンラインでも十分起きうるのですが、上司が机をガンガンとたたいて激昂していたり、といった時に受けるストレスは、だいぶ軽減されるのではないでしょうか。

オンラインでの人間関係には、リアルの時とは異なって、**相手との関係を一歩引いて、（あたかも第三者が少し離れたところから見ているかのように）感じさせてくれる**、といった効果もあるようです。

## リアルワークによる無駄時間はリモートの2倍

通勤のストレスは非常に高く、社員のモチベーションを下げています。通勤がいかにストレスか、イギリスで衝撃の研究結果が出ています。

神経心理学者のデビット・ルイスが電車通勤者125人の血圧と心拍数を測定したところ、平常時の2倍（平時65の心拍数が145まで上昇）に達することがわかりました。

さらに通勤中、乗客の脳の活動は極端に低くなることもわかりました。ルイス氏はその状態を『通勤健忘症』と名付けました。これは外界からの刺激を遮断することで心を守ろうとするストレス反応で、極度のストレスにさらされる戦闘機のパイロットや群衆を鎮圧中の警官にも見られます。通勤客には、戦闘機パイロットと同じレベルのストレスがかかっているわけです。

同じくイギリスの英国西部大学ブリストル校での調査で、1日あたり20分、通勤時間が延びると19％の賃金カットと同じストレスを受けることがわかりました。多くの人が通勤時間が長くなっても給料の高い仕事を選ぶため、ストレスのマイナス分を給料のプラス分で埋めようとしていると考えられます。お金のために長い通勤時間を我慢し、疲れ果てる。世界中のサラリーマンが抱える悲哀です。

（株）ザイマックス不動産総合研究所が行っている『首都圏オフィスワーカー調査２０１９』によると、首都圏にあるオフィスへの通勤時間の平均値は49分。通勤のストレスについてアンケートをとったところ、通勤ストレスが低い人ほど仕事への満足度が高く、生産性や「ワーク・エンゲージメント度」（仕事と自分との関連性を示す指標で、後述する）が高いことがわかりました。

**通勤ストレスはないほうがいい。**そういう点でも**リモートでの勤務形態は多くの従業員にとって「ワーク・エンゲージメント」を高める方向に働きそうです。**

また、生産性という意味でも、毎日往復１時間半〜２時間が仕事に回せるのなら、残業はなくなり、**生産性は向上**するでしょう。さらに交通費から事故リスク対応の費用、またオフィス空間に掛ける資料まで含めれば、**大きく経費を減らす**ことができます。

テレワークで発生する問題よりも、通勤時間削減によるメリットのほうが、会社にとっては非常に大きいと言えます。

## 「会社に行かないと仕事ができない」という思い込み

もちろん、テレワークの導入が、会社にとっていいことばかりではありません。どのような変化と課題が持ち上がるのか。

現在のテレワークの原型となる「サテライトオフィス」事業に、私は関わってきました。

1988年、筆者らは日本初のサテライトオフィスを立ち上げ、ほどなく事業化しました。まだインターネットもなければ、ワークライフバランスという言葉もない時代です。

バブル経済の絶頂期であった1980年代の後半、全国で地価が高騰しました。都心部にオフィスを構えると、莫大な賃料がかかりました。そのため、社員の住まいの近くにオフィスを設置するサテライトオフィスという形の遠隔勤務（リモートワーク）についての関心がにわかに高まりました。会社は高い賃料を払わなくて済むし、社員は最寄りの駅前のオフィスに勤務すれば、殺人的に混雑している通勤電車にも乗らなくて済む、というわけです。

当時の私たちは企業に勤めながら、それぞれの企業の枠を越えた異業種交流のネットワークで遠隔勤務についての情報収集をして盛り上がっていました。

勉強会の名前は「サテライトオフィス研究会」。大手ゼネコンに勤める30代後半の社員や銀行の調査部門の役職者、情報機器メーカーの社員などが集まっていた手弁当の勉強会です。

ある日、ゼネコンに勤める一人が、自社が開発したニュータウンの駅前に建てたビルの4階に空きスペースがあるという情報を入手してきます。私鉄沿線で、山手線から20～30分の距離にある郊外住宅地の駅前ビルです。

ここをサテライトオフィスにすれば、話題性も高く、企業のCSR（企業の社会的責任）も果たせるようになる、と各社のサラリーマンは、それぞれ自社に企画書を作って話を持ちかけました。その当時の、バブル経済も追い風となったのでしょう。目新しい試みに、比較的予算が付きやすかった時代です。大手企業数社の共同プロジェクトとして、計2億円ほどの予算が付いたのです。

1988年5月、住友信託銀行、鹿島建設、富士ゼロックス、内田洋行、リクルートの大手企業5社が中心となって、埼玉県志木市に実証実験オフィスとして「志木サテライトオフィス」が立ち上がります（図1-3）。

当初、オフィスは大成功でした。連日、マスコミの取材が引きも切らず、すべてのテレビのキー局が映像を撮りに来ては、ニュース番組や特番を作っていました。

たとえば若手サラリーマンが、妻と幼い子供と午前午前9時近くまでゆっくりと朝食を取り、昼食に家へ帰る。夕方5時半に仕事を終えてから、ビルの上階にあるスポーツジムで汗を

図 1-3　志木サテライトオフィス（写真は 1991 年制作のパンフレットより）

流して帰宅。今までは一度も出られなかったニュータウンの町内会合にも参加できるようになった……そんな映像をテレビが連日流し、これが未来のライフスタイルなのか、と多くの人たちが見入ったわけです。

海外では、日本における殺人的な通勤電車の映像と一緒に「志木サテライトオフィス」が紹介されました。社畜のように働かされて残業も多い日本でも、こんな試みが実際に行われているんだ、という驚きと、「多くの日本人は働きすぎ」と半分は揶揄されている、そんな紹介のされ方だったように記憶しています。

いずれにしても、志木サテライトオフィスは、世界でも稀有な、日本ではもちろん初めての、複数企業による本格的サテライトオフィスとして出発し、その後、日本における「テレワークの発祥の地」と呼ばれるようになります。

志木サテライトオフィスの立上げから、ほどなくして遠隔勤務などを推進する団体として、「社団法人日本サテライトオフィス協会」が発足します。この協会は、数年後に「日本テレワーク協会」と名称変更し、日本におけるテレワーク推進の第一線をリードする協会となっていきます。

華々しいスタートだったにもかかわらず、サテライトオフィスの運用が長くなるにつれて、利用する企業としない企業がハッキリと分かれ始めました。また、バブルが崩壊したと同時に、志木サテライトオフィスは、大手企業の社員が使わないオフィスとなっていきます。

サテライトオフィスを使わない会社は、なぜ使わないのか。

**社員に話を聞くと、上司に評価されないから**だというのです。

上司のそばにいないと出世に響く、遠隔勤務でできる仕事などない、と思っていた社員が圧倒的に多かったのです。上司が仕事のプロセスを全然見てくれないとの意見も出ました。こんなに自分は頑張ったというプロセスを見てほしいと、評価される側は思うというのです。たしかにテレワークは結果の報告になりがちで、日中の働いている様子は上司からは見えません。

そしてちょうどその裏返しですが、上司の側に聞くと、離れていては部下を評価できないという。これではサテライトオフィスは普及しないはずだ、と当時感じました。

さらに**オンラインでは根回しができないという人もいました**。会議が始まる前に、廊下やロビーで立ち話やお茶をしながら、会議前の根回しをする。そういうアンダー・ザ・テーブルがテレワークではできない。日本では物事の決定において根回しが大きな意味をもつことも多いですから、根回しができなくなってしまうことを不安に思っている人も多いと思います。

また目の前にいないとすぐにコミュニケーションができない。

この問題はそのまま現在のテレワーク導入でも起きている問題と言えます。

## テレワーク導入に成功した会社の思考法

今から30年以上も前の志木サテライトオフィスでの実験を通じての話ですが、今までの話と対照的だったのが、ITをいち早く取り入れていた企業です。今でいうところのテレワークができていました。回線は今と比べると貧弱でしたが、テレビ会議も行われていました。

この取組み方の違いには、テレワークのメリットをどう捉えるかという姿勢の違いが明確に表れたのだと思います。

社員がプロセスを見てほしいと言っているのは、多くの場合、自分の勤務態度を上司に見てほしいということでしょう。

態度への評価も、ときには大事だと思いますが、**自分の実力のなさを、自分はこんなに悩んでいる、苦しんでいる、そういう態度で隠している**場合も多い。それがテレワークではできなくなる。情に訴えて、自分の能力のなさを隠してきた人はテレワークによって、それができなくなることを恐れている、とも言えるのではないでしょうか。

一方で、厳しい言い方になるかもしれませんが、自分はこんなに一生懸命にやっているのだから、成果が上がっていなくても大丈夫、と思っているような従業員を雇い続けるだけの余力はもう日本企業には残っていないでしょう。

上司の側からすれば、社員が在宅なのにどのように管理すればいいかわからないという不安は当然テレワーク時にはあると思います。しかしここでも重要なのは、いかに表面的に頑張っていたか、といった面での勤務態度などではなく、**どのような成果を、その従業員が上げられたか**、ということになってくるでしょう。そうした点を公平に、また客観的に評価でき、**マネージもできる上司が求められている**のです。

また、テレワーク導入時には、マネージャーは**「段取り」力を高めることも必要**とされます。いつまでに誰にどの仕事をどこまでやってもらうのか、そうしたスケジューリングのスキルです。これはプロジェクトマネージメント（PM）と言った形で語られることもありますが、建設業界やIT業界では普通に培われてきたスキルです。それが今までオフィスで顔をつき合わせてぐちゃぐちゃと仕事をしてきた事務スタッフのマネージャーには、少しおざなりにされてきたきらいがあります。今後はそうした力が必要です。

誰と誰がどういうチームを組むのか、一人でどこまでやればいいのか、人の配置と仕事の割り振りも「段取り」の一つです。しっかり決めておかないと仕事が回っていきません。これまでなんとなくムードで回していた業務に、「段取り力」やプロジェクトマネジメント（PM）力が求められ、一方、仕事時の態度などは、重視されない方向になっていくと考えられるのです。

## オフィスがなくなり、社員の帰属意識は希薄に

テレワークの大きなマイナス面には、会社に対しての帰属意識が低くなってしまう、という問題があります。

例えば会社に通うという行為を考えてみましょう。私はオフィスというのはとても象徴的な場所だと思っています。「働く」という行為を遂行する象徴的な場所に足を運び、そのことを通じて会社への従属感を高め、またパフォーマンスを上げるといった儀式的な意味がオフィスにはあります。

場所の持っている力は強いとも言えます。

物理的にその中にいれば「私はこの場所のここで勤めている」と意識され、自然と帰属感も醸成されるのです。

事業規模が大きくなればオフィスも広くなり、大きなビルに移っていくものでした。大きなビルにオフィスを構え、それが都心の一等地であれば象徴的な意味合いは、より大きく従業員に作用するかもしれません。会社への帰属意識も高まるというものです。

しかしながら、テレワークが普及した社会では、そうした帰属意識のあり方がかなり変わっ

てきます。そもそもオフィスという空間自体が不必要になる可能性もあるのです。テレワークになって通勤がなくなれば、オフィスを借りておく必要はなく、もしも自宅がテレワークに向かない場合には、必要に応じてレンタルオフィスを利用すれば事足ります。

出社がなくなることで、場所特有の象徴的な意識への働きかけが希薄になるのです。人間関係も限定されます。そのため、これまであった情緒的な人事は行われなくなり、アメリカ型の成果主義にならざるを得ません。成果主義を突き詰めると、雇用を維持するのは報酬だけであり、会社と自分を結ぶのはお金だけという非常にドライな関係にもなります。当然ながら、会社への帰属意識は薄れます。

これは会社にとっては良いことではありません。欧米や中国の企業では、才能のある社員はすぐに転職したり起業するため、給料を上げるしか引き留める手段がなく、経営者以上の収入のスーパーサラリーマンがどんどん生まれています。

一方で、一般社員の給料は低く抑えられ、社内での格差が広がり、全体としてのモチベーションはどんどん下がっています。そのような組織は不安定で危険ですが、テレワークを選択する以上、成果主義がセットになることを認めるしかありません。

従業員の会社への帰属意識は、テレワークが普通になった時代には、当然下がるのだ、という認識で会社経営を行う必要があるのです。

# 「ワーク・エンゲージメント」の低い組織は崩壊する

そこで注目したいのは、「ワーク・エンゲージメント」です。

ワーク・エンゲージメントは直訳すれば、仕事面での会社との契約といった意味になりますが、エンゲージリングが婚約指輪のことを指すように、組織（会社など）と個人との親密で良好な結びつきといった意味でも使われるようになりました。ワーク・エンゲージメント度が高い組織ほど、強い組織である、といった言い方もされます。

では、どのようにしたら、会社組織と従業員個人とが、親密で良好な関係を作ることができるようになるのでしょうか。

一番大事なことは、従業員個人の人生の方向性と会社の方向性が一致するようになることです。

従業員一人ひとりが「私がこの会社で働いていることは私のためだ」と思えるようになる、と言い換えてもいいでしょう。そういう人が増えると、それは会社にとってもいいことです。会社側は、放っておいても、従業員が仕事に対して前向きになってくれ、熱意をもって仕事に自主的に取り組んでくれるようになるからです。

「この会社での自分の仕事は、自分のためになることである」と全員が納得して仕事に取り組んでいるからです。

これが、現代における帰属意識のあり方ではないでしょうか。

「なぜこの会社で働いているんですか？」

「この仕事をやることがあなたにとってどういう意味があるんですか？」

と従業員一人ひとりに問いかけてみましょう。あなたの会社では、従業員はどう答えるでしょうか。

「生活のために、給料は安いけど、仕方ないんで働いているんだ」

と答える従業員が多い会社を、あなたはいい会社だと思いますか？

目まぐるしい社会環境の変化の中で、ワーク・エンゲージメントを高めることが会社にとって非常に大きな意味を持ち、重要になりつつあります。

「自分はこういうことをやりたいんだ」ということがわかると、人はやる気が出ます。そういうやる気からアイデアが出る⇓アイデアが出たら社員に任せる⇓任せられると人はがんばるので、そこからさらにアイデアが出る。

仕事に対して、そういうポジティブなサイクルを作らないと変化に対応できず、会社は倒産します。

ワーク・エンゲージメント度を高めないと、人はどんどん、組織から離れていってしまいます。生産性も上がらず、変化にも対応できず、何らイノベーティブになることもなく、従業員は熱意をなくし、組織は崩壊を始めます。

## 変化できない大企業はこの先潰れる

今、日本の企業の経営層は、テレワークが急速に進んだこの状況をどのように捉えているのでしょうか？

せいぜい長くても2、3年、ワクチンなどの有効な対応策が出てくるまでの一過性のもので、またかつてのような日常に戻るだろう。

もしもそのように少しでも考えているとしたら、それは根本的に間違いであり、経営者失格です。

アフターコロナの時代は、ビフォーコロナの時代とは根本的に異なります。

経営者や経営陣は、この機会を千載一遇のチャンスと捉え、自分の会社はどう変われるのかを真剣に考え、そしてテレワークにも取り組むべきです。

**テレワークが成功すれば、組織としてのレジリエンス（困難にぶつかっても柔軟に生き延びていける力）が徹底的に高まります。**

しかし、テレワークを成功させるためには、経営手法、特に人事管理そのものを見直す必要があります。それまでの経営手法を変えなかったら、テレワークによって帰属意識は下がっていき、組織は弱体化していきます。それを防ぐには、ワーク・エンゲージメントを高める経営に変える必要があります。

どのように手を入れていけばいいでしょうか。

まず、『仕事の手順・プロセスを可視化』することが重要です。

上司は、仕事の段取りをしっかりと書き出し、誰が見てもわかるようにします。それがないと、在宅でテレワークしている部下を管理できないはずです。

今までは雰囲気で、頑張れよとか、うまくやってね、で済ませてきたことが済ませられなくなるのがテレワーク時代なのです。

目標に対して、時系列に沿った工程を踏んで、現在どこまで進んでいるのかもしっかり追えるようにするのがマネージャーの力量です。中間管理職の力が真の意味で試される時が来た、ともいえるでしょう。

「私、テレワークで何やったらいいんですか」

と部下が言ってきた時、あなたの会社の上司は、しっかりと指示ができますか？

ＩＴや建設や土木の業界ではプロジェクト・マネジメント（ＰＭ）が非常に重要ですが、テレワークではそれが全業種業態に求められるようになります。テレワーク時代だからこそ、変化を恐れずに既存のマネジメントを一掃するくらいの意気込みで、変化を起こしていくことが必要なのです。

## 従業員を徹底的に大事にしてこそワーク・エンゲージメントは高まる

テレワークになると、各自の職住環境が見えてきます。

会社に通勤している場合は、Ａさんには小さな子どもがいる、というただの情報であったものが、テレワークで在宅勤務になると、画面に子どもが映り込むことがある。リアリティが違います。会社側も従業員の家庭を無視できなくなります。

「今日は子どもが学校休みで私が世話をしないといけない」

と言われれば、それに対して何時間働けるかをスケジューリングしなくてはいけなくなります。効率の良い環境をマネジメントし、効率よく働くことがワーク・エンゲージメントを高める一つの方法になります。

もちろん守秘義務の問題もあるので、そもそも仕事をしている時に子どもが近くにいるということがいいのか、という面もあります。子どもと接する時間は何時から何時まで、仕事の時間は何時から何時まで、と従業員が各自で計画を立て、それを上司も段取りの中に組み込んで、生産性が高まるようにマネジメントをしていく、といった方法が、各組織の実情に合わせて、今後構築されていくようになるでしょう。

## 家族を大事にする「統合的人生設計」

キャリアコンサルティングの著名な理論家の一人である、サニー・ハンセン女史は「統合的人生設計（Integrative Life Planning/ILP）」という考え方を提唱しています。

ＩＬＰは人生には４つのＬ、仕事（Labor）・学習（Learning）・余暇（Leisure）・愛（Love）があり、４つのＬがあたかもパッチワークのように組み合わさり、そこに人生全体としての意味が生まれるのだと言います。そしてキャリア形成には６つの課題があり、人生はこれらの課題をクリアしていくこととされます。

①　変化するグローバルな文脈のなかでなすべき仕事を見つける
②　人生を意味ある全体の中に織り込む
③　家族と仕事をつなぐ
④　多元性と包括性に価値を置く
⑤　スピリチュアリティ（精神性・魂・霊性）と人生の目的を探求する
⑥　個人の転換（期）と組織の変化をマネジメントする

（引用元：『統合的ライフプランニング（ＩＬＰ）概念における労働観の一考察』植村雅史）

ハンセン女史には「BORN　FREEプログラム」というジェンダーによる思い込み、いわゆる男らしさ、女らしさを取り除き、人生の自由な可能性を広げるという教育プログラムを開発、普及させた功績があります。

ハンセン女史は仕事のキャリアを単に仕事だけで完結するものではなく、人生全体で考えるべきものだと捉えました。

また、個人のキャリアは個人の人生だけにとどまらず、社会や共同体に広く影響するとしています。仕事は仕事として独立しているのではなく、人生で起きることはすべてパッチワークのようにつながり、全体として意味あるものとなるのです。

ILPでは「いかに家庭と仕事を結びつけるか」が重要命題として掲げられています。

これからの本格的なテレワーク時代においては、もはや滅私奉公的な会社への忠誠心といったものはまったく時代遅れで死語となります。従業員一人ひとりの「こうなりたい、こうありたい」という意向を、どこまで組織（会社）として手助けできるか？　それにいち早く取り組み、仕組み化できた企業だけが、新しいテレワーク時代に従業員からの支持を取り付けることができるのです。それは新しい形での忠誠心と言ってもいいかもしれません。

**従業員を徹底的に大事にして「ワーク・エンゲージメント」を高めることができた企業だけが、これからの時代を生き延びていけるのです。**

第２章

# WE（ワーク・エンゲージメント）テレワークが企業サバイバルの鍵

# 日本の会社には熱意ある社員は6％しかいない

人材コンサルティングを行う米ギャラップ社が１３９カ国を対象に、社員のワーク・エンゲージメント度を調査しました（「Global Levels of Engagement（2014-2016 aggregated）」）。今の職場で自分がワーク・エンゲージメントできているか？という質問に対して、できていると答えた人の割合は日本では６％。これはトップのアメリカの32％に比べて極めて低く、１３９カ国中、１３２位という結果でした。

東南アジアは総じて低く、中国も日本と同じく６％、韓国が７％という結果でした。同じアジアでもシンガポールやタイは23％なので、日中韓という似た文化の国で仕事に熱意のない人が多いというのは、長らく文化として根付いてきた儒教的な上下関係の考え方が時代とそぐわなくなっているのかもしれません。

ワーク・エンゲージメントできていないだけでなく、職場で文句を言ったり、やる気のない態度を見せる人の割合は日本が24％と高い（中国は19％、韓国は26％）ことも気になります。

経営マネージメントの方向を大きく変えるべき時が来ているのでしょう。社員も経営者もマインドセットを変えなければ、この状況から抜け出すことは難しい、と言えます。

これまで日本の会社はワーク・エンゲージメントを重要視せず、代わりに社員を会社という疑似家族に迎え入れる、欧米には見られない一風変わった文化で社会を維持してきました。

終身雇用制や会社の全員参加の行事、毎日のように部署で行う飲み会、冠婚葬祭への社員の参加は家族だからこそ互いに許容できることであり、家族の一員として助け合って転職など考えもせず、会社も社員の面倒を一生見る、決して解雇しないという不文律で高度経済成長を実現しました。

しかし時代が変わり、日本独自の企業文化はグローバル経済によって、徹底的に破壊されました。未だその後を埋める文化が欠けたまま、日本は失われた20年に突入し、さらに今回のコロナショックで、アメリカのような成果主義に基づく雇用関係が一般的になりそうです。

成果主義が悪いわけではなく、良い部分もたくさんあります。

しかし、それが機能するには、ワーク・エンゲージメントが欠かせません。ワーク・エンゲージメントがないまま、野放図な成果主義を導入すれば、無分別な労働の強制やキャリアアップにつながらない転職によって社会は荒み、多くの人材が能力を失い、日本の経済成長はさらに長期に渡って棄損されるでしょう。学問的にはモチベーション論はたくさんあります。しかし、**ワーク・エンゲージメントを抜きにして社員にやる気を出させるのは難しい**のです。

# 給料が上がるとやる気がなくなる？

お金も重要ですが、万能ではありません。たしかに自分の仕事に対して給料が低かったらやる気が出ない。しかし、給料が高ければ必ずやる気が出るわけでもないことがわかっています。

「アンダーマイニング効果」という心理効果があります。自分からやっているうちは楽しかったことが、それでお金をもらうようになると急にやる気を失ってしまいます。達成感や満足が自分にとっての報酬だったものが、金銭を受けとったことで、お金をもらうことが報酬に変わってしまうのです。そしてお金をもらわないとやる気が出ないというネガティブなことになってしまいます。

１９７０年代にアンダーマイニング効果の実証実験が行われました。ある実験では幼稚園児にお絵描きをしてもらい、絵が上手にかけたら賞状をあげる約束をしたグループ、賞状をあげる約束はしていないが書いたら賞状をあげるグループ、最後に何もしなかったグループです。

１～２週間の期間を置き、その間に子どもたちが自主的にお絵書きをするかどうかを調べました。すると賞状をあげると言われた子どもたちだけ取り組みが低下していました。

給料を上げても人の意欲は上がらない。反対に下がってしまうのです。

100年ほど前から、意欲を高めるには何を高めればいいのかは研究されてきました。わかったのは、会社に言われたことをやるだけでは熱意は生まれないということです。

**従業員にやる気を出してもらうには、「私のやりたいこと=会社の方針でもある」というワーク・エンゲージメントを高めるしかないのです。**

では、従業員がやりたいことは何か？という問題になります。

ひとつの有効な解決策は、**一人ひとりの社員にキャリアコンサルティングを実施すること**です。

キャリアコンサルティングは、一言でまとめれば「働く人を幸せにするための個別面談（カウンセリング）」です。私たちキャリアコンサルタントは、一人ひとりが真に「やりたいこと」を本人が納得する形で、本人から引き出すことを支援します。

個人個人の人生の目的がわかれば、その目的をできるだけ実現できる場所に配属することができ、生産性アップにもつながります。

## いかにイノベーティブになれるかが存亡の分かれ道

今は変革の時です。いろいろなしがらみがあり、変えることのできなかった企業文化を大きく変える絶好の機会だと捉えてください。それに外部的な要因でいろんなものを変えざるを得ないのです。

人事制度も見直せます。総務的な面での発想も変えられます。私が30年も前から広げようとし、また政府もキャンペーンを打って普及しようとしてきてもほとんど広がってこなかったテレワークも、コロナショックで一気に広まりました。情勢の変化によって必然的に大変革が起きることもあるのです。では、そのように変化の激しい、また明日何が起きるかわからない時代に私たちはどう対応したらいいのでしょうか。

一つの対応策は私たち自身がイノベーティブになることです。人事面をとり上げてみても以前のような硬直した人事管理に戻すのではなく、発想を変えましょう。全部ゼロから発想して変えることとさえもできるのです。

そうやって内部的な制度を変える。これも立派なイノベーションです。

もう一つの対応策は、ビジネスのシーズとなる新しいアイデアを生み出すイノベーションです。

サブスクリクションのような新しいビジネスを考える。あるいは他の業界と組んで新しいサービスを始める。

例えば、コロナによりテイクアウトを始めるレストランが増えました。そこでは、自転車によるデリバリーサービスとのコラボも多いです。一方、高級ステーキハウスのウルフギャングステーキハウスは、そのブランドイメージに合った「高級テイクアウトサービス」として、自転車で運ぶのでなくタクシーで運ぶのです。そこが差別化のポイントといえます。こうした事例もイノベーションの一つでしょう。他にも、本書の後半でいくつかの事例を紹介する形で述べていきますが、今の日本にも、まだいくつでもイノベーションの種はころがっているのです。

**VUCA（ヴーカ）の時代と言われる今だからこそ、いかにイノベーティブになれるかが重要**で、それが企業などの組織やまた私たち自身が、生き延びられるかの分かれ道となるのです。

※VUCAの時代：常に変動し、不確実で、複雑かつ曖昧な時代。

V（Volantility／変動性）、U（Uucertainty／不確実性）、C（Complexity／複雑性）、A（Ambiguity／曖昧性）の頭文字をつなげたもの。

## 「ステイホーム」時代のビジネスをどこまで想像できるか？

在宅勤務では、従業員が何をどう感じているかを上司が読み取りにくいということはあると思います。ZOOMでミーティングをするにしても仕事以外の話は少なく、問題が起きているとしてもサインが読み取りにくい。

会社であれば、今あの人は怒っている、最近家族に不幸があったかも、といったことを気配で察してすぐに確かめていくこともできます。どういう頼み方をすれば互いに気持ちよく仕事ができるのかについても判断がつきやすいのですが、テレワークではそうした日常生活での感情のやり取りが欠けてしまうのです。

われわれキャリアコンサルタントは、1対1でのカウンセリングの訓練を積んできており、クライアントの感情を読み取ることに習熟しています。感情の言葉には注目しなければならないことを学んできているわけです。本当であれば、そうした訓練を管理職になる時に受けたほうがいいのですが、時間的にも経費的にも難しいでしょう。よって、**会社として相談できるキャリアコンサルタントと契約しておき、随時、アドバイスを受けることも選択肢の一つです。**

また感情を読み取ることは想像力の問題なので、相手の言葉を聞き流さず、裏の意味を想像することも大事となります。。

特に、在宅勤務では孤独になりがちなので、そこに注意して対応する必要があります。また自宅ではいろいろストレスがたまることも多くあります。子どもが泣き出したら仕事にならない。そうした在宅勤務ならではの問題も丁寧に拾い上げ、会議の時間をずらしたりシフトを組むなどして対応していく必要があります。

ステイホームが日常となるニューノーマルとも言われる時代では、**今まで以上に想像力も必要となります。**

とくに**マネージャークラスにその想像力が求められる**ようになるのです。

それは部下の「働き方」やニーズについての想像力はもちろんのことなのですが、一方で、そうしたテレワークのスタイルを取る人が普通になってきた時代においては、さまざまな面でビジネスのあり方も変貌するわけで、そこでは新時代のニーズに即したビジネスを想像できる力もまた必要となるのです。

# 「越境」がイノベーションを加速させる

越境という言葉を、企業がイノベーティブになるための一つのキーワードとして考えるようになっています。

テレワークにより、ネット上でのコミュニケーションが広がれば、仕事のカテゴリーが変わります。クリエイターの場合、必要なCGをイギリスに頼み、音楽を韓国に発注するといったことが日常的に行われていますが、それが一般的に行われるようになるでしょう。

さらに異業種とのコラボレーションも普通に行われるようになります。自分が飲食業だと考えると新しいアイデアが出てきませんが、出前をやっているんだから運送業でもあると考えると、違う観点で仕事を見直すことができます。

これをさらに広げて、運送業と飲食業を結び付けて生まれたのが出前の代行業の「ウーバーイーツ」です。そうしたサービスがそれ以前になかったのは、飲食と運輸のコラボレーションができなかったからです。

インターネットの普及によって、業界を越える、国境を越える、イノベーションが実現している。それを可能にしたのがネットワークであり、その影響がより多くの人に理解されるようになるのはこれからだと思います。イノベーションを起こすには、自由に自分たちの業種業態を越えていく思考回路が必要になってきているのです。

## 理念の浸透度が会社の将来を決める

ワーク・エンゲージメントを高めるには、会社の理念の浸透が大事になります。会社の理念というのは例えば「物流で人々の暮らしを豊かにする」「生涯教育を通じて人を幸せにする」といったものです。

表向きはすごくキレイな言葉で飾っていても、実体は金儲けが最優先という企業もあるかもしれません。

もし従業員が一番大事なのはお金ではないと思っていたら、実体レベルでのすり合わせはできていないということになります。従業員はキレイな言葉を見て入社してきているかもしれません。ところが、入社してみたら実体は金儲けオンリーの会社だったとしたら幻滅するでしょう。その意味で言えば、企業が理念を体現する努力は必要なのです。そうではない企業は理念を掲げる必要はない。

**理念と会社の実体が合致しており、かつその理念・実体が従業員の気持ちに合っているかどうかが大事**なこととなります。

キャリアコンサルティングにおける面談の際には、次のような質問をします。

「あなたがいるこの会社の理念をご存じですか?」

「自分なりにそれをどのように咀嚼していますか?」

「いまの仕事の中ではどのように生かしていますか?」

従業員一人ひとりに会社の理念と、その会社の「企業文化」が納得される形で落とし込まれないかぎり、ワーク・エンゲージメントを高めていくことはできません。

企業文化とは、従業員の中でこれまでに培われてきた不文律、暗黙の了解です。

「ミーム」という言葉があります。文化も遺伝子のように世代を超えて伝えられていくという考え方で生物の遺伝子に相当するものをミームと呼びます。企業文化にもミームがあり、社風や企業文化と呼ばれる独自のスタイルを生み出しています。うちの会社はこんな感じだから、とミームを見える形にしていない会社もあると思いますが、そうした企業においてこれから必要なのは、言葉にして、目に見える形にしていくことでしょう。

企業の中でどういう形で言葉に落とし込むかにあたっては、テレワーク時代では、「中間管理職」の存在が重要となります。

もしもその会社に「残業するのが当たり前」といった企業文化が培われてきていたとします。テレワーク時代には、その企業文化は残し発展させていくべきものでしょうか? 中間管理職は、仕事の「段取り」をしっかりと可視化して、マネージメントを担っていかなければなりませんが、そうした過程の中では、残すべき企業文化とそうでないものをしっかりと見極め、また必要であれば新しい企業文化を創り出していくくらいの気概が必要なのです。またワーク・エンゲージメントを高めることが、従業員の会社に対しての帰属意識を高め会社存続と発展に大きな力となることは本書でたびたび言及してきている点です。

段取り力を高め、プロジェクトマネージメント（ＰＭ）ができる中間管理職を養成し、従業員のワーク・エンゲージメントを高めさせることが、テレワーク時代において企業が成長するカギとなるでしょう。

## 社員の「自分らしさ」を認めてあげる

ワーク・エンゲージメントのためには、社員一人ひとりとの面談が必要になります。これは、業務面談ではありません。業務面談というのは、やるべき業務がどう遂行されているかを把握したり、また目標に対していつまでに達成しなさい、そのためにはどうしますか？といったやりとりです。

評価面談という面談もあります。上司と部下が、目標が達成できたかどうかという視点で行うものは、評価のための面談です。これはどこの企業でもやっていることでしょう。

私が推奨したいのは業務面談や評価面談ではありません。「ワン・オン・ワン・ミーティング」などと呼ばれることもありますが、従業員が人間として成長するための支援面談です。部下の人生の目標は何なのか、その目標のために何が必要なのか、そしてそうした**従業員一人ひとりの成長をどう会社は支援ができるのか、**を相談します。

**「あなたの望んでいることは何ですか」**と部下に問いかけ、深堀りしていきます。

１９５０年代に心理学者のドナルド・スーパーが提唱したライフキャリア・レインボー理論

というものがあります。彼はまず、人生を次の5段階（ライフステージ）に分けます。

① 成長段階（～14歳）
② 探索段階（15歳～24歳）
③ 確立段階（25歳～44歳）
④ 維持段階（45歳～65歳）
⑤ 下降段階（66歳～）

理論が作られた当時とは人の寿命や社会情勢も違ってきているので、何歳から何歳までといった年齢には、あまり重きを置かなくてもいいでしょう。しかし、5つの段階（ライフステージ）に分けて人生を考えるという発想自体は今でも役立ちます。

一方、人は人生の中で、さまざまな役割を果たすとされます。

これを図式化したもので、虹のように描かれ「ライフキャリア・レインボー」と呼ばれるものがあります（図2-1）。

キャリアコンサルティングでは、相談者のポジションがライフステージのどこにあり、またどのような役割を果たしているのかを把握します。ライフキャリア・レインボー理論でわかるのは、人にはさまざまな顔があり、人生の中で担っている役割は仕事だけではないということです（表2-1）。

表2-1 人生における8つの役割

| 役割 | 具体的な内容 |
| --- | --- |
| ① 子ども | 子ども（息子・娘）は生涯を通じて親に注がれる役割です。小さい時は子どもとして大きな比重を占めますが、大きくなるにつれ減っていきます。親が高齢となり介護する必要が出てくることもあります。 |
| ② 学生 | 学校入学時から始まり、最低でも15歳まで続きます。学ぶという立場にいる場合すべて、学生の役割と考えられます。一生の間に何度もあると考える人が増えています。 |
| ③ 職業人 | アルバイトに始まり、仕事をするという立場にある場合を職業人としての役割といいます。有給で働くことを完全にやめる時点まで続きます。 |
| ④ 配偶者 | 夫、妻としての役割です。LGBTとしてのパートナーも含まれます。この役割をとることのない人もいます。 |
| ⑤ 家庭人 | 家事全般を行う役割です。料理や買い物、家具選び、家屋の修理も含め、女性だけではなく、男性にも家庭人としての役割があります。 |
| ⑥ 親 | 子どもを育て、子どもとの関係を維持することです。通常、親としての役割に最大の努力を要するのは、子どもが15歳になるまでの期間です。 |
| ⑦ 余暇を楽しむ人 | 読書や映画を楽しんだり、スポーツをしたり、友人と遊ぶなど、好きなことをして余暇活動に時間やエネルギーを費やす役割です。 |
| ⑧ 市民 | 社会を構成する一員。ボランティア活動など社会に貢献する役割です。日本は他の国に比べてこの役割の比重が小さい傾向にあります。 |

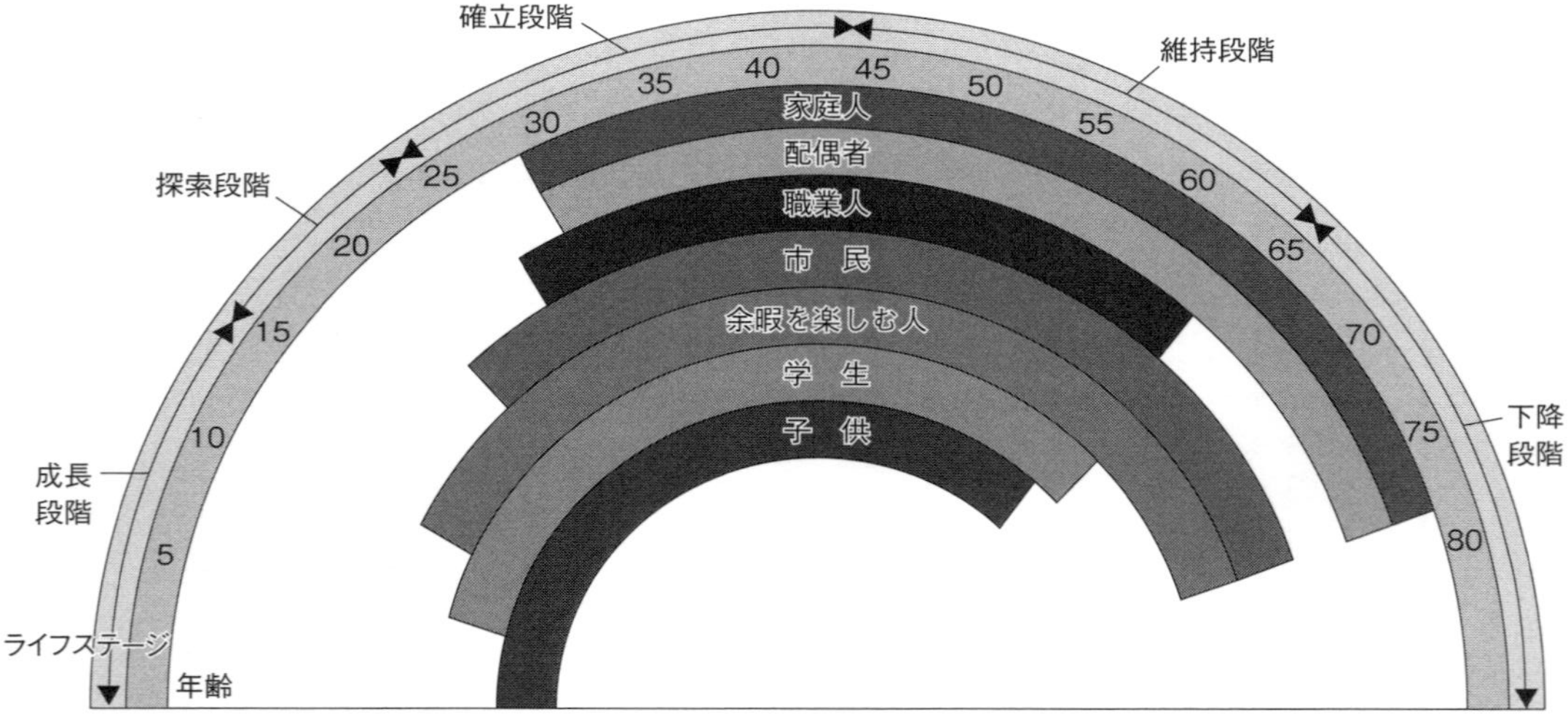


ドナルド・スーパーの提唱した理論。人生をステージに分け、その中で果たす役割を分析する（Donald E., Ph.D. Super、Branimir Sverko、Charles M. Super 編『Life Roles, Values, and Career International Findings of the Work Importance Study』Jossey-Bass Publishers より引用）

図 2-1　ライフキャリア・レインボー理論

家庭人であり、職業人であり、親である。仕事というのはその中の一つにしか過ぎない。会社に行くとみんな職業人の顔しかしませんが、本当はそんなことはないわけです。家では親の役割を果たし、地域の中でボランティアをしたりもする。私も町内会の副会長をやりましたが、会社の人間は私が町内会の副会長だったなんて知りません。

ワーク・エンゲージメントを高めていくにあたっては、各従業員がライフステージで持つ役割を理解する必要があります。人生は、会社に勤めてお金を得ているということだけではないからです。

自分らしさは、人生におけるすべての顔（役割）が多層的に組み合わさって出来上がっています。それを読み解いていくには時間がかかります。

テレワーク勤務になった時にこそ時間ができますので、上司も部下も自身の人生における段階（ライフステージ）や、多様な役割について考えてみるのはどうでしょうか。

一人で人生の振り返りと今後についての展望をしてみるのも、もちろん大事なことですが、面談を通じて、他者と対話をする中で、さらに見えてくるものがあります。

## リモートならカンパニープライドが1秒で全員に伝わる

会社の規模が大きくなると、社員全員にメッセージを伝えるのは難しくなります。前述の異業種交流組織ＢＮＩでもＺＯＯＭを使っていますが、数十人単位の参加者の顔や雰囲気は十分にわかります。何百人規模のミーティングも可能なので、モニター（ディスプレイ画面）を工夫すれば短時間で全員の顔を確認することも可能です。

何十人、何百人の顔を画面上に、ざーっと並べて表示させた様はなかなか壮観です。そして、一人ひとりを映し出しているフレームの大きさが同じ大きさにできるということも、私は画期的と思っています。つまり、社長も社員と同じサイズで表示される。社長が自分たちと同じような立場で語ってくれていると、社員が感じることにもなります。その気になれば、自分も社長に対して発言できる。ＺＯＯＭの挙手ボタンを押して手を上げたり、チャット機能でメッセージを送ったり、あるいは直接声を出すことも可能なのです。軽々と組織のヒエラルキーを超えています。このヒエラルキーを超えるというのが、今まではなかなか難しかったわけです。

約30年前、日本のテレワークは世界で一番進んでいました。筆者らが立ち上げた志木サテライトオフィスが、世界に先駆けて職住近接のテレワーク実証実験を開始していたからです。しかし当時は、通信環境が整っていなかったため、現在のレベルのような在宅勤務はできませんでした。最寄りの駅前ビルに設置したサテライトオフィスでの職住近接のワークスタイルが限界でした。

それが今では在宅勤務が十分に可能になり、2020年以降の新型コロナ禍で、テレワークは今までの何十倍のスピードで急速に普及したのです。

在宅勤務ではオフィスが家庭に侵入するとも言えます。あるいは逆に、家庭がオフィスを浸食しているとも言えるでしょう。通信（映像）でつながっている後ろで犬猫が歩いたり、画面に映ったりするし、子どもや奥さん、旦那さんがちらちらと映り込むこともある。そういう今までにない職場風景がすでに現出しています。こうした現状を受け入れる企業文化がその会社にあるかどうかは、今後の一つの試金石になるかもしれません。セキュリティのことを考えれば、他者が画面に映りこむなどもっての外、という企業ももちろんあるでしょう。そうした企業では就業規則に「家族や、犬猫を映すな」と書き込むことになるのでしょうか。

一方、そうしたことに寛容な企業文化を醸成していく会社も、今後は増えてくるようになると思われます。カンパニープライド（企業としての誇り）もテレワーク時代の中で今までとは異なったものとなり、また**その企業なりの新しい文化やプライドが生まれてくるとも言えるの**です。

## 在宅勤務により起きている意識の変化

これまでは、誰もが時間をかけて会社まで通勤してきたわけですが、今では通勤がない勤務形態を多くの人が体験しました。

「テレワークで在宅勤務」という形の本格的テレワークの導入を実施した会社は限られた事例しかありませんでしたが、全国の企業で「1か月間、全社員出社せず、家で仕事をします」という在宅勤務が珍しくない社会となりました。

その結果、何が起きたのでしょうか？

会社に物理的に体を置いて仕事をする意識と、家で仕事をする時の意識は違っていると思います。家の中では子どもの声や台所仕事をしている妻の物音が聞こえてきます。もちろん目に入るものも違います。

会社の窓から見えるのはビル群なのに自宅からビルは見えません。服装も違います。ZOOMのミーティングで上着だけスーツを着て下はパジャマという笑い話が生まれましたが、実際、そのようなスタイルで仕事をしている人も少なくありません。

そういう中で、これまでと同じ意識で仕事に向き合うということはできません。会社空間へ通うこともなければ、職場の人間関係もなく、社員同士で会うこともない。日常生活と職場の境目がなくなることで、社員としての会社への帰属意識はどんどん薄れていきます。

　通勤時間がない分、時間は増えます。残業代もなくなったわけですから、社員が次に考えることは副業です。さまざまな会社から「副業を始めませんか？」といったダイレクトメールがどんどん送られてきます。

**転職願望も芽生えるので、ポストコロナ時代の経営者は、マネジメント方法を変えないと、大変なことになる**と思います。

　従業員の立場や心理をキャリアコンサルティングの目で見ると、副業にしても転職にしても、自分が何をしたいのか、何ができるのかがわからないと始めようもありません。経営者はそうやって社員がまだ迷っているうちに、しっかりと会社への帰属意識をリカバリーしないといけないのです。

## テレワークで業績を伸ばした会社は何をしたのか？

テレワークによって人材の在り方が変わる時代、これまでと同じやり方をしていてはいけません。

これからの経営者はどう考え、どのような行動をすれば、優秀な人材のパフォーマンスを向上させ、業績アップにつなぐことができるのでしょうか？

それができる会社のことを「ワーク・エンゲージメントの高い会社」と言います。それは会社や経営陣と社員が「本音」で同じ方向を向いている会社のことです。そうした会社は従業員が仕事に対して感じている充実感や就業意欲を高めるために、経営陣がきちんと従業員に向き合っています。

そのようなワーク・エンゲージメントが高い職場環境を作るには、

**「経営者が社員一人ひとりとキャリアコンサルティングをしなさい」**

と声を大にして言いたい。

ＺＯＯＭでいいので、社長が社員と話し合う時間を作ることです。経営者が社員一人ひとりと面談をするのです。「～をしなさい！」と指示・命令をする面談や、業務の確認のための面談ではなく、次のことを聞いてみてください。

「あなたの夢は何なのか?」

「あなたはうちの会社に、何をやりたくて入ったのか?」

そう、社員の個人の夢やロマンを聞いてあげるのです。少しばかり青臭く聞こえる、この夢や目標を聞くという行為ですが、これにより、なぜ会社の業績が伸びるのでしょうか? 答えは明白です。社員に本質的な意味でのやる気が出るのです。

「私はこういうことがやりたかったんだ」

「こういう生き方がしたかったんだ」

と本人が、自身の本質的なところを思い出したり、気づいたりするのです。そして、そこから経営者の腕の見せ所です。社員が考えていること、追い求めていることと会社での立場や仕事の内容とのすり合わせをし、一致点を一緒に見つけていくのです。

業績を伸ばした会社とは、結局、社員がやる気を出した会社です。

営業をやろうと思えば、今までも会社に出てくる必要はなかった。電話とメールでアポイントを入れればいいわけです。ではなぜ通勤していたかといえば、モチベーションを保つためです。売上が上がればほめられる、下がれば怒られる、そういう人間関係でモチベーションは大きく左右されます。業績が上がる会社は、営業マンのモチベーションが高いのは間違いありません。

監視がなくなったんだから仕事はほどほどにしてしまうのが人間というものです。しかしワーク・エンゲージメントが高ければ、

「こういう営業をすることが自分の将来につながるんだ」

「自分はこういうことをしたいからこの会社に入ったんだ」

と心底から感じることができます。

まずは面談から始めてみる。それにより「テレワークで業績を伸ばした会社」へと成長させることができるのです。

## ワーク・エンゲージメント・テレワークが社員の生産性を倍増させる

ビジネスの現場においてよく「生産性」や「パフォーマンス」という言葉を耳にします。生産性やパフォーマンスとは何なのでしょうか？　会社が儲かるとはどういうことでしょうか？

これは最小の労力で最大の価値を生み出すことです。

アリの社会では常に2割ぐらいは、さぼっているアリがいるのだそうです。会社でも同じことが言えます。必ず働かない人がいます。

「自分は仕事をやらされているだけ」

「やってもやらなくても給料は変わらない」

と思う社員が何人かいたら、それだけで売上は落ちてしまいます。

社員が、心からやる気を抱くことがこれからの時代に必要な要素なのです。

高度経済成長期からコロナ以前においては、会社への帰属意識は、ともすれば滅私奉公的なものでした。しかし、ポストコロナ時代の帰属意識は、それとは反対と思っていいでしょう。

ワーク・エンゲージメントが高まった社会における帰属意識とは、滅私奉公ではなく、本来の自分を尊重し、自分の本当の夢の実現のために仕事があり、会社があると考える、そこから出てくる自発的な心からの帰属意識です。

これはテレワークの働き方とてもよく合っています。これまで日本人は忙しすぎたのです。通勤で時間をとられ、社内営業に時間をとられ、自分がわからなくなってしまっていたのです。テレワークにより、そうした時間のロスや人間関係のしがらみから離れると、自分は本当は何をしたかったのか、考える時間ができます。

テレワークでは自分で自分の管理をする必要があります。今日は仕事をしたくないと思えば、サボることができてしまう。だから自分で自分のマネジメントができなければ、成績はどんどん落ちてしまいます。

自営業やフリーランスの仕事の仕方と同じです。自分が何をやりたいのかを理解し、自発的に主体的にするものとして、モチベーションを維持します。

テレワーク時代には、これまで会社員がないがしろにしてきた「**自発的な高いモチベーション**」**が必要**になります。会社は自分の夢のためにあり、仕事は自分の目標へのステップである、そう考える社員が増えることこそが、生産性倍増のポイントになるのです。

## ワーク・エンゲージメント・テレワークが管理職の思考も変えた

テレワーク時代における中間管理職は、従業員の勤務状況を監視するのではなく、従業員の夢の実現をサポートすることが主な仕事になっていきます。

これまで中間管理職は、上意下達のピラミッド構造の中で、経営陣から言われたことを従業員にやるように伝えることが仕事であるとされていた場合が多かったように思われます。

それが、明らかにそうではなくなってきたのです。従業員一人ひとりに数字の目標を渡して、闇雲に叱りつけるのではなく、「仕事の目標を達成することで個人個人の人生の何に役立つのか？」を理解させ、それによって社員が自分から主体性をもって動くように導く、まさに「コーチングアクション」が必要になってくるのです。

管理職の仕事が上から与えられた目標を達成することに変わりはありませんが、**社員のやる気をどのように「自分ゴト化」させ、引き出したか**が評価されます。上から「やれと言われたからやる」ではなくなります。

## ワーク・エンゲージメント・テレワークが「経営手法」に革命を起こす

これからの経営者は社員を大事にする必要があります。今までと同じ感覚で、俺の言うことだけ聞いていればいいというタイプの経営者には人が集まりません。

リーダーシップ論に「サーバント・リーダーシップ」という考え方があります。

1970年に組織論研究のロバート・グリーンリーフが提唱した考え方で、サーバントとは「召使い」という意味です。

「社長は社員に奉仕すべし」という感覚で経営するというのがサーバント・リーダーシップの考え方です。「支配的リーダーの経営者スタイルでは、すでに生産効率が上がらない時代になった」とロバート・グリーンリーフは警鐘を鳴らします。

従業員の話を聞く「傾聴」や「相手の立場で何をして欲しいのか？」を理解する洞察力と共感力、夢を見せる「概念化」。そうした「10のスキル（特性）」を挙げ、それを身に付けることがリーダーには必要だと説きました（表2－2）。

### 表 2-2　サーバント・リーダーシップの 10 の特性

これからのリーダーに求められる『サーバント・リーダーシップ理論』の 10 のスキル。あなたはいくつ実践できるだろうか？

| 特性 | 説明 |
|---|---|
| 傾聴<br>(Listening) | 大事な人達の望むことを意図的に聞き出すことに強く関わる。同時に自分の内なる声にも耳を傾け、自分の存在意義をその両面から考えることができる。 |
| 共感<br>(Empathy) | 傾聴するためには、相手の立場に立って、何をしてほしいかが共感的にわからなくてはならない。他の人々の気持ちを理解し、共感することができる。 |
| 癒し<br>(Healing) | 集団や組織を大変革し統合させる大きな力となるのは、人を癒すことを学習する事だ。欠けているもの、傷ついているところを見つけ、全体性（wholeness）を探し求める。 |
| 気づき<br>(Awareness) | 一般的に意識を高めることが大事だが、とくに自分への気づき（self-awareness）がサーバント・リーダーを強化する。自分と自部門を知ること。このことは、倫理観や価値観とも関わる。 |
| 説得<br>(Persuasion) | 職位に付随する権限に依拠することなく、また、服従を強要することなく、他人の人々を説得できる。 |
| 概念化<br>(Conceptualization) | 大きな夢を見る（dream great dreams）能力を育てたいと願う。日常の業務上の目標を超えて、自分の志向をストレッチして広げる。制度に対するビジョナリーな概念をもたらす。 |
| 先見力・予見力<br>(Foresight) | 概念化の力と関わるが、今の状況がもたらす帰結をあらかじめ見ることができなくても、それを見定めようとする。それが見えた時に、はっきりと気づく。過去の教訓・現在の現実・将来のための決定、のありそうな帰結を理解できる。 |
| 執事役<br>(Stewardship) | エンパワーメントの著作でも有名なコンサルタントのピーター・ブロック（Peter Block）の著書の書名で知られているが、執事役とは、大切な物を任せても信頼できると思われるような人を指す。より大きな社会のために、制度を、その人になら信託できること。 |
| 人々の成長に関わる<br>(Commitment to the Growth of people) | 人々には、働き手としての目に見える貢献を超えて、その存在をそのものに内在的価値があると信じる。自分の制度の中の一人ひとりの、そしてみんなの成長に深くコミットできる。 |
| コミュニティづくり<br>(Building community) | 歴史の中で、地域のコミュニティから大規模な制度に活動母体が移ったのは最近のことだが、同じ制度の中で仕事をする（奉仕する）人たちの間に、コミュニティを創り出す。 |

（引用：サーバントリーダーシップ ロバート・K・グリーンリーフ（著）、金井壽宏（監修）、ラリー・C・スピアーズ （編集）、金井壽宏（監修）、金井真弓（翻訳）
Larry C. Spears (1998). "Tracing the Growing Impact of Servant-Leadership." In Larry C. Spears ed. (1998). Insights of Leadership: Service, Stewardship, Spirit and Servant-leadership. New York: John Wiley & Sons.pp.3-6 の記述より、金井壽宏氏が要約）

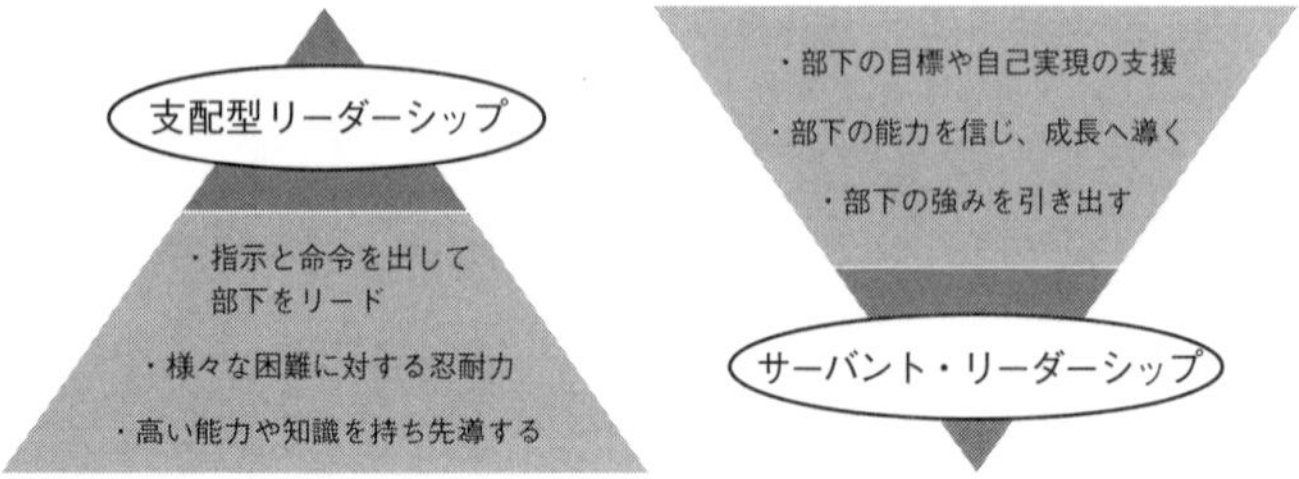
支配型リーダーシップ
・指示と命令を出して
部下をリード
・様々な困難に対する忍耐力
・高い能力や知識を持ち先導する
・部下の目標や自己実現の支援
・部下の能力を信じ、成長へ導く
・部下の強みを引き出す
サーバント・リーダーシップ

ロバート・グリーンリーフの『サーバントリーダーシップ理論』では、リーダーによるトップダウンではなく、ボトムアップの手助けをするリーダー像が提示されている

図2-2　サーバント・リーダーシップ

上意下達的なマネジメントを行う「支配的リーダー」が従業員の上に立つものであるとするならば、「サーバント・リーダー」は従業員を下から支える存在です。従業員の夢や目標をどのように会社の仕事と一致（エンゲージ）させていくかが経営者の腕の見せどころで、キャリアアップに結び付けたり、やりがいを見つけてあげたりしながら結束の固いコミュニティを作り上げていくのです。

日本の場合、経営者、とくに中小企業の経営者が、あたかも親のような役割を従業員に対してとろうとして、無意識のうちにサーバント・リーダーとなった面もあったと思います。厳しく仕事を教え込むのと同時に、その従業員の生い立ちから性格からすべてをしっかりと把握した上で、その子の将来に親身になる。だから良き経営者は、従業員から親愛を込めてオヤジと呼ばれていたわけです。

しかしバブル以降、そうした日本式経営は否定され、かといってサーバント・リーダーシップも広がらず、むき出しの資本主義が、古き良き企業文化を破壊しました。

テレワークの時代には、経営者はサーバント・リーダーとならなければ会社を経営できません。

テレワークの普及によって、会社という帰属意識を高める象徴空間に、物理的にも来なくなった従業員たちを、会社はどうつなぎ止められますか？

本書では「ワーク・エンゲージメント」を高めることが、新しいこれからの帰属意識を高める方策である、という点を繰り返し強調しています。そして、マネージメントあるいはリーダーシップのあり方は、サーバント・リーダーシップ的なものとなっていくでしょう。

お金儲け以外に会社の存在意義を考えることが、経営者には要求されているのです。

# もう後戻りはできない！　コロナ後の働き方革命

新型コロナによる自粛中、東京ではテレワークを導入した企業が半数を超えました。テレワークを経験した人たちは、なかなか働き方では後戻りができないと思います。

われわれは、テレワークの普及に取り組んできた30数年間の中で、テレワークを実験的に導入した企業の従業員に「テレワークのメリット」を聞いてきました。

そこでは例外なく「テレワークになって体が楽になった」「家族との時間が増えた」「集中して仕事ができるようになった」「自分の好きなことに使える時間が増えた」と、いいことづくめの感想が、大半の実験参加者から返ってきました。

現在のテレワークの急速な普及の中でも、実験ではなく実体験として、そうした感想を身に染みて味わった人たちは多かったと想像されます。一度味わった、そうした利点の享受は、もう後戻りできない体験として残っていくはずです。

しかし一方で、実験ではなくて、リアルな体験だったからこそ、そのデメリットを感じた人たちも多かったかもしれません。

テレワークでは「気が抜けない」と感じた人もいるのではないでしょうか。残業も通勤も不要となる中で、目に見える形での成果を求められるようになることで、逆にそれが大きなプレッシャーになった人たちです。たった一人で自宅の部屋で仕事を続けることで、孤独感に襲われた人もいることでしょう。

「自分はテレワークには絶対向かない」と感じた人もいたかもしれません。家にずっといることがストレスだったり、オンラインミーティングは集中力が必要になるため、続くと非常に疲れた人もいたようです。テレワークは成果主義で能力主義の雇用になっていくので、そうしたテレワークの勤務形態に向かないと感じた人も当然出てくるはずです。

つまり、「後戻りできない」には2つの意味があります。

テレワークのメリットを肌で感じて、テレワーク化に対応して成果をあげていく人が増えるという意味が一つ。もう一つの「後戻りできない」とは、テレワーク化を止めることはできないので、それに対応できない場合には、仕事を続けていくことがかなり困難になってくる人たちも出てくる可能性がある、ということです。

取り残される人たちの存在が、今後クローズアップされてくるようになる可能性もあります。

企業側としては、取り残された人たちは雇わなくていい、という発想もあります。しかし、大半の既存の従業員が「取り残され組」になってしまったら、企業自体の存続も危うくなってしまいます。

企業側はテレワークの研修を進めたり、あるいは「エンプロイアビリティ＝雇用され得る能力」をいかに向上するか？ といった意識改革を進めたり、働く側の能力を高めるようにしていくことはもちろん重要です。しかし、新しい時代における、従業員の取り組み方や姿勢、あるいは心構えといったものを、しっかりとしたものにしていく必要が出てくるでしょう。

「自分はテレワークには絶対向かない」と訴えてきた従業員に対しては、頭ごなしに「時代に対応できないとこれからはやっていけないぞ」と脅すのでなく、ましてや解雇をほのめかすのでもなく、そこは「なぜそう感じたのか」をその人の立場になって、しっかりと聴いていく必要があります。

これを傾聴といいますが、そこから問題を整理して、例えば一人で孤独感を感じてしまうのであれば、テレワークしている他の従業員と時間を決めて休憩時間で雑談できるようにするとか、解決策を一緒に考えて、会社側にできることは会社側でも対応していくようにします。

また本質的には、その従業員が何を望んでいるのかを傾聴することで、テレワークではどのような心構えで何をどのようにしていくのか？ 自分自身のためになるのか？ といったことを明確にしていくことで、根本的にその人のやる気の醸成につながるようにしていきましょう。

これは、その従業員に対してのキャリアコンサルティングと言えますし、最近ではコーチングといった言われ方をすることもあります。

これは、業務内容の詳細やその業績（成果）について語るような「業務面談」ではありません。**キャリアビジョン**（仕事を通じてどのようになっていきたいか）を明確に描くことや、そこに至るための**キャリアプラン**（どのように仕事をしてキャリアビジョンを実現してくかについての計画）を作っていくなどの、キャリアコンサルティングの一種です。

こうしたキャリアコンサルティングを行うことで、テレワーク化が待ったなしで進んでいく後戻りのできない時代の中でも、「取り残される社員」を少なくでき、企業としての業績アップにもつなげていけるようになるのです。

**参考文献**

https://www.espring.co.jp/hotespring/hot-e-spring-04/
NPO法人　日本サーバント・リーダーシップ協会
https://www.mamoru-kun.com/tips/servant-leadership/

第3章

# そもそもテレワークでは何ができるのか？

## テレワークによって業績が上がった

コロナ以前の話ですが、テレワークを導入したことで大きく成長した企業があります。筆者の知っているIT系企業はテレワーク導入まで東京・四谷に大きな事務所を構えていました。

しかし、社員の中には、小さなお子さんの育児、老親の介護で時間が必要なことから、テレワークに切り替えてほしいという声があがっていました。

そこで社長は決断し、四谷の事務所をたたんでしまい、バーチャルオフィス化したのです。社員は全員在宅勤務になりました。それによって、家賃に使っていた莫大な固定費をすべて事業に回せるようになりました。

在宅勤務で普段直接会うこともないにもかかわらず、なぜか社員同士の仲がすこぶる良い。これはキャリアコンサルタントのアドバイスを受けて、全員を集めて互いに褒め合う研修をしているため、社員間の信頼が醸成されているのです。そして1か月に1回は、社長がオーナーと親友関係にある飯田橋のレストランで社員懇親会を開きます。

だから在宅でみんな離れていても、互いの距離を感じないのです。

みんな事務所に通っていた時のほうが、むしろ心理的距離を感じていたと社員は話しています。ＩＴ企業というカラーもあるのでしょうが、隣の席の人にも声をかけず、メールを送るような環境だったからです。それが全面テレワーク化されてから、雰囲気が良くなったといいます。

テレワーク以前に比べて、格段に業績が上がったと社長も喜んでいます。社員同士のなれ合いが在宅勤務によってなくなり、**各自の責任感が増し、自分から動くようになったことで、多様なアイデアも出る**ようになりました。例えば、それまで美容室を対象とした予約システムの開発を行っていたのですが、それを別業種にも広げることで売上も大きく伸びました。そうした事業拡大の動きも、社員からの自発的な動きとして、出てきたものだったのです。

## 電話が減ったことで生産性が上がった

前節のＩＴ系企業は事務所を引き払うとともに、代表電話も外部のオフィス代行サービスに委託しました。売り込みの電話は代行業者が断ってくれるので、社員がそうした電話に煩わされることもなくなりました。

当初は携帯電話でやりとりしていいのか不安もあったようですが、担当者同士の話は固定電話でも携帯電話でも同じです。「携帯電話の番号を教えて、やり取りすればいいじゃないか」ということで、何の支障もないようです。

電話でのアポイントもメールや Messenger に移行したことで、つながらない電話で時間を無駄にすることもなくなりました。テレワークのメリットに時間と空間を越えるというフレーズがありますが、時間を越えるとは、そういう時間のロスがなくなったり、メールなどを使って情報を好きな時に呼び出せるという意味合いです。

実際にそれが可能になり、少なくとも固定電話を使わないことによって時間のロスや電話で仕事を邪魔されることがなくなり、**生産性が向上**するのです。

## 結局、何ができるのか?

テレワークは、すべての業種業態で実施することが可能です。医療や介護、運輸などの業態で、一部テレワークができないことはありますが、最初から「できない」と思ってしまうと、イノベーションは起きない。**まずは「テレワークで何でもできる」と思って考えることが最善**です。

医療関係では、遠隔診療がすでに始まっています。医療テレワークと言えます。医療現場の三密を避ける役割があり、内科や心療内科のような投薬や面談ベースの診療では、大きな役割を担うことが可能だと思われます。しかし、現場の医師の先生方にお話を伺うと、外科をはじめとした多くの診療科では、テレワーク導入はまだまだこれからだとの意見が返ってきます。

遠隔診療や手術の技術も進化してきていますが、現状では、すでに離島や限界集落などで行われている専門医からアドバイスを受ける形で現地医師が診療や手術をする、といったところが限界です。しかし、最初から無理と思わない発想で取り組めば、今後、現在の医療行為の多くの部分をテレワーク化していける可能性は大いにあります。

介護や保育も現状でのテレワーク導入は難しいのが現実です。このコロナ禍でも、現場でのテレワーク化はそれほど進んではいません。しかし、ＡＩやロボット技術の進展で、人間に近いロボットなりデバイスなりが登場すれば、テレワーク化が一気に進むといった可能性も否定できません。

一般的にテレワークに向いているとされるのは、「一人でできて、セキュリティが確保できる仕事」です。そういう仕事はもともと会社員ではなく、フリーランスやそれに近い仕事のスタイルで多く行われてきました。プログラマー、デザイナー、ホームページの制作更新や運営業務などのＷｅｂ関連、建築や機械などの設計、会計業務などです。営業職でも個人の売上ベースでインセンティブが設定されているような場合は、一人で仕事ができます。

ただし、機密情報を扱う場合は、話が厄介になります。シンクライアント方式（操作するパソコンには一切データ保存ができないようになっている仕組み）で、サーバ上などでデータの一元管理をしたとしても、やはり端末の管理に不安は残ります。極端な話、画面をキャプチャーされたら（あるいはスマホで撮影されたら）、データは流出します。

ポストコロナ時代とは、誰もが一人で仕事をする時代だ、と考えたほうがシンプルに理解できるかもしれません。フリーランスや自営業者が集まって同じスペースで机を借りて働いているというイメージです。これはアメリカ型の雇用にとても近い形といえます。

## 障害者、高齢者、介護者が活躍の幅を広げられる

テレワークを利用すれば、障害者にも雇用の道が開かれます。日本テレワーク協会には企業以外にも業界団体がいくつも参画していますが、身体障害の団体も加入しています。テレワークが普及すれば、通勤がなくなり、ケア設備の整った自宅からビジネスを行うことができます。障害がある人々も、もっと自分たちが働ける社会を作りたいと願っているのです。

介護離職の問題もテレワークを導入することで解決が見えてきます。親などの介護をしなければならないという理由で仕事を辞めるしかなく、収入が激減して心中にまで追い込まれる人たちがいるわけですが、そうした人たちにもテレワークは就職の道を開くことができます。

高齢になってもネットワークを使えば、生涯現役で働ける人はいくらでもいます。

ただ高齢者の場合、「生活に余裕があるのでそこまで働きたいとは思っていない」「週2~3日働いて、ローンの完済ができていれば、あとは現役時代のように無理して働かなくてもいい」という人が多かったのはたしかです。

筆者はかつて、退職者の人たちが地域デビューし、地元の中小企業で働くというモデルのN

ＰＯ法人を立ち上げたことがありますが、団塊世代の方々から、そうした意見をよく聞きました。しかしこれからの時代は、そう高齢者に甘い時代ではなくなるでしょう。生涯現役で働く、ということが理想としてではなく、現実にしなくてはならないものとして語られる時代となってきます。

今まで労働力として活用できなかった人たちに仕事の道が開けたことは、テレワークの大きな成果です。

## テレワーク導入でハンコ文化を一掃し、儲かる会社への第一歩に

導入することが決まっている場合は、例えば、日本テレワーク協会に相談するとスマートです。無料で相談にのってもらえます。テレワーク相談センターを開設しているのが、同協会です。テレワーク導入をサポートする民間企業はたくさんあるのですが、どこにアプローチすればいいかわからない場合や、自社で機材をそろえるべきかどうかなど、企業規模や環境に応じて具体的にアドバイスももらえます。

テレワークのように、大きく業務が変わるシステムの導入では、経営者がその気にならないと進まない、ということが今までは往々にしてありました。テレワークの推進を30数年間にわたって行ってきた筆者らは「まずはテレワーク導入の入口として、今の仕事を週１日でもいいから在宅勤務やサテライトオフィス勤務などのテレワークにしてみたらどうですか」とアドバイスしてきました。

まず体験してみること。週に一度、午前だけでも午後だけでも社員一人ひとりができる範囲でテレワークをやってみること。日本テレワーク協会が実施した導入時のアンケートでは、「実際にやってみるとよかった」という企業が圧倒的です。

一方、2021年時点では、テレワーク勤務が週の大半という状況になった人も多くなったため、逆に「テレワークに飽きた」「テレワークでかえってストレスがたまる」「孤独感を感じてしまう」という人も現れはじめているのです。

ここで筆者が強調したいことは、このテレワーク化を一つのきっかけにして、経営者であれば「会社をもっと儲かる会社に変えていくこと」、従業員であれば「自分自身の働き方を見直すこと」です。

テレワークを単に時短や業務効率化のツールだとは思わず、これを変革の契機にしてほしいという点です。

例えば、コロナショック以降、「ハンコ」が問題になりました。ハンコを押すためだけに出社する社員がいて笑われるとともに、ハンコをなくせない日本社会の姿が、アメリカや中国に後れを取る理由を浮き彫りにするかのようにも感じられたのです。

100円ショップでハンコを買ってきて押せる、そんなレベルのセキュリティとも呼べないハンコを大事にしている日本の姿は滑稽であるとともに、私たちは平成の30年間、何をやっていたのかと反省するきっかけになったと思います。

**テレワークを導入する際には、ハンコに限らず、慣例的にただ引き継がれてきた社内手続きを見直し、現代にアップデートする**必要があります。

## テレワークの課題と対策

テレワークではセキュリティをどう上げていくかが課題だと思います。夫婦2人で、テレワークをしてそれぞれパソコンを使っている場合、同じ家の中で作業していれば、妻の作業画面が目に入ることもあるでしょう。同じ企業に所属していればまだしも、そうした夫婦はまれでしょう。

昔から情報漏えいの7～8割は人為的なミスです。サテライトオフィスであれば、同じ会社の人が集まることも多いので一定のセキュリティは維持できますが、自宅ではどうしても甘くなります。シンクライエントシステムなら、クラウド上にしか保存できないとか自分でコピーしようと思ってもできない仕組みを作れるので、まずはベースとしてそうしたシステムを導入するべきでしょう。

配偶者が自社の情報を画面上で見てしまうかもしれない、といったセキュリティ上の問題については、テレワーク時代の情報モラルの浸透という、極めてソフト的な対応の徹底が、さらに求められてくるでしょう。もちろん覗き込まれないようにするといった環境上の設えや、のぞき込み防止の画面にするといった、設備面でできることはしっかりと行った上での話です。

第4章

# コロナで生まれた
# ネオ・ビジネス

## ITによる生産性向上

コロナショックで、もはや企業は余剰人員を抱えることができなくなりました。窓際族や功労人事などといったことは過去のものとなり、容赦なくリストラが行われると思います。社員数が減少すれば、生産効率や生産性が非常に重要視されるでしょう。だらだら残業をして、残業代で住宅ローンを払うような働き方をしているとすぐに肩を叩かれます。

あらゆる面でITによる生産性の管理が進みます。POSシステムは次の段階に進み、完全な無在庫流通が実現します。サムスンが従業員間の専用通話ボタンを実装したスマートフォン（トランシーバーのようにスマートフォンを使えるもので、マイクロソフトの Walkie Talkie というアプリ機能を使う）を販売したり、アメリカでは社員教育にARやVRの利用が行われています。

ウーバーのような、これまでの運輸の概念とは異なるサービスも次々に登場するでしょう。アメリカではすでにタクシー業界がウーバーに制圧されつつありますが、日本でも同様のことが起きる可能性は十分にあります。一方で、ウーバーイーツの配達料金の高さを解消するため、今度はタクシー業界がウーバーイーツのような配送の代行を行うことも考えられます。タクシーの位置情報と店舗の情報がリンクすれば、空き時間でデリバリーが可能になるからです。もちろん食品だけではなく、宅急便の代行やバイク便の代行もありえます。これは新たな流通の形であり、システムを開発した企業が市場を押さえるでしょう。

## オフィスビジネスの変化

テレワークの浸透はオフィスの概念も変化させます。これまで駅前の一等地に大きな自社ビルを持つことが経営者のプライドであり、従業員のプライドでもありました。しかし出社の必要性が減れば、そんなビルを高いコストで維持する必要がなくなります。

サテライトオフィスの実験を行っていた当時、リゾートオフィスという概念がありました。毎日の出社の必要がないなら、沖縄やニセコといったリゾート地に本社を構え、東京にはオフィスを持たずに働いたほうが社員も幸せじゃないか？　たまに会議などで集まる時はリゾート地に社員が集まるという形もいいんじゃないか？　と考えたわけです。

当時は夢物語の域を出ませんでしたが、ポストコロナ時代にはそうしたリゾートオフィス、あるいは「ワーケーション」（「ワーク」と「バケーション」を合体した造語）も、加速化するでしょう。

当然、路線価で決まってきた不動産相場も大きく変化します。

コロナショックで倒産した旅館を企業が買い取り、オフィスにするといったことが起こり得ます。そのインフラを不動産とパッケージで販売する事業が出てきてもおかしくありません。

## 浮遊する労働力の活用

経営危機が続く旅客業界では、コロナでの自粛中、キャビンアテンダントに防護服を縫製させ、賛否の論議を巻き起こしました。またタクシー会社が社員を一斉解雇、失業保険で給料をカバーし、自粛解除後に順次再雇用するというアクロバティックなことも行われました。

危機的状況において、会社が生き残るためにリストラを行うと、事態を脱した後に再び同レベルの人材を集めることは難しくなります。民主党政権時代に国による土木事業を軒並み中止したため、地方の建設業が衰退、道路や橋のメンテナンスができなくなり、大問題になりました。一度失った人材は、なかなか元には戻りません。

ポストコロナ時代の企業にとって、人材の調整をどう行うのかが悩みどころです。同じようなことは公社や公営事業が次々に民営化した80年代後半から90年代にも起きました。国鉄がJRになり、駅ビルの運営を始めたのは、余剰人員を吸収する新しい職場を用意しなければならなかったからです。同じことがすべての民間企業に起きているのがポストコロナ時代の今です。

新規事業を単独で立ち上げるリスクは高い。それよりは複数の事業者が人材を融通しあい、人材をプールできる職場を確保していく、人材の調整池のような仕事が必要になりそうです。

# 学びオンライン市場

筆者は、ＺＯＯＭでキャリアコンサルタント養成講習をやっています。受講者は12名です。コロナで三密回避が必要ですから、リアルからリモートに移行しました。

やる前は授業になるのか不安でしたが、実際に始めると面白いことがわかりました。

画面の中に12名が、ずらっと並ぶ。そうすると表情が一目瞭然で、よくわかりました。

と12名の顔を一度に見れません。ところがＺＯＯＭを使うと表情の細かい部分まで見えます。対面だ
これまで私は一人ひとりの表情を十分に把握できていなかったかもしれないと反省しました。

そして顔の表情の重要さを改めて感じています。

私と近い感想をもった受講者も複数おられました。

「あの人はこういう顔で聞いてるんだというのがわかり面白かったです」「みんな、こんなに真剣な顔で聞いているんだ、もっと自分も頑張ろう、と思いました」など、相互に受講生の表情がよくつかめるようになったからこその感想です。リアルに集まって講義や演習をやっていた時にはなかった感想だと思います。リアルの講座の時には、受講者の人たちは、話をしている人のことしか見ていなかったのが、隣の人たちがどんな表情で聞いているかを一覧して見ら

れるようになった。この変化はとても興味深いものです。

予備校などでの遠隔授業とは違い、筆者が行っている講座では双方性が担保されているので、Ａさんは疲れてきて集中していないなとわかったら当てて答えてもらうことで、適度な緊張感を担保することもでき、授業としての効果も上がります。

これからは家庭教師もＺＯＯＭのほうがいいかもしれません。オンラインでの個人教育がもっと盛んになると思います。

「ストリートアカデミー」というオンライン教育サービスがあります。一般の人でもプラモデルを作るのが上手であるとか、変わった編み物ができるとか、一芸ある人がたくさんいますが、そういう人たちが教師になって有料の授業をできるようにするためのＷｅｂ上でのマッチングサービスです。

こうしたＷｅｂ上でのサービスは今後、さらに次々に生まれてくるはずです。使い方一つで何でもテレワークにできます。すべてテレワークでできるという発想に立てば、多様なイノベーションが見えてきます。

## 全業種でメーカー直販化がすすんでいる

新型コロナにより、飲食に関係する業種のダメージは大きく、また食品生産者も例外ではありません。飲食店の利用を前売り券的に購入したり、生産者から直にサイトで購入したり、といった応援サイトが起ち上がり、通販の代行や仲介をする例も多く見られるようになってきています。

通販を行ったら数か月分の在庫が1週間ほどで売り切れたということも起き、こうした流れは止まらないと思われます。これまで、仲買や生協を通じてしか販売できなかった生産物を消費者に販売するメリットに生産者が気づいたわけです。生産者は利幅が大きくなり、消費者は安く買える。Win-Win の関係です。

産地直送サイトの『たべ直』のように、直販で先行していたサイトは、立ち上げに非常に苦労したわけですが、コロナショック以降はむしろ消費者と生産者を直接結ぶルートが出来上がったことで、従来の流通がダメージを受けるかもしれません。

従来の流通網に頼らない直販というスタイルは、物販にとどまらず、より広い範囲に波及する可能性が高まりつつあります。

## 小売店がオンラインショップのスタジオへ変化

生産者だけではなく、小売店も直販を始めています。

「ジャパネットたかた」は自社でスタジオを構え、テレビを通じて安く商品を売って通販に革命を起こしましたが、このような革命がWeb上におけるネット通販として、急速に広がっています。店舗をスタジオ化し、You Tubeなどの動画投稿サイトを通じて商品の通販を行うのです。

同社が自社社長をスターに押し上げたように、ショップ店員がユーチューバーとしてカリスマ店員化していくことになります。今後は、タレントが出てきたり、タレントがこうしたショップ通販に出演することも一般化すると思われます。

アナログでできていたことが10だとしたら、デジタルでも10に近づける考え方をする人は多い。しかしまずは、アナログとデジタルは別の物だと思ったほうがいいと思います。You Tubeとテレビの地上波が別物であるのと同じです。

アナログで10できていたとしたら、デジタルでできるのは8くらいなのかもしれない。しかし、デジタルではアナログではできなかったことが4できるかもしれない。

アナログでやっていた時の生産効率や効果が、デジタル化で8に低下したとしても、全体の効果としては12にできる。そういう発想にすべきです。

## 営業マンは、テレワークでクロージング

営業の入口としてネットを使うことは、今までもよくあったと思います。ネットで見つけた会社に商談を持ちかけたり、仕事を発注することは普通に行われています。ただし、決済に至るまで複数の人を介する必要のある、大きな案件となると話は別で、担当者からその上司、決裁権を持つ人物まで、順番に交渉する必要がありました。

それには、実際に会って会議やプレゼンテーションを通過する必要がありますが、ポストコロナでは、それさえもオンラインで行われることになります。

オンラインでは、意外にも発言者の話をよく聞くようになる人が多いです。リアルにいるよりも集中力が高まっているのかもしれません。

集中力が高まるということはクロージング（最終的に決済まで持ち込むこと）もしやすくなります。しかし、逆に気に障ることを言われると、集中しているだけに、この営業マンからは絶対に買わない、といった感情を抱かれてしまうこともあるようで、そこは注意が必要です。

だからこの人はどういうタイプの人で、どういう話し方をしたほうがいいのかが、リアルの時以上に重要になります。

ＬＡＢ（Language and Behavior）プロファイルという技法もあり、言葉遣いによって相手のパーソナリティを分析しますが、そうした心理学上の手法などにも、今まで以上に関心が高まる時代になってくるでしょう。ＺＯＯＭでのコミュニケーションでは、相手の話にかなり集中しますので、ＬＡＢプロファイルもやりやすい。雑談からでもパーソナリティはわかります。

車の営業マンが、どのような車を買うのかを来店者に訊ねます。お客さまが「仮に事故が起きても最小限のダメージで済むような車を探している」と答えたとします。この答えは、重大なダメージを避けるためという「○○を回避するため」というパターンの答えだということがわかります。このことだけで、この客のこの件についてのプロファイルができるというわけです。

もしもあなたが営業マンであったとしたら、このお客様には「これを購入することで、あなたの不安は避けられるようになりますよ」といった言い方をしていくことで、発した言葉が受け入れられやすくなっていきます。

ポストコロナ時代の営業マンは、このような心理学をベースとした言葉の技術を学ぶ必要もあるでしょう。

## コラボで新商品を生み出す

新型コロナにより、多くの業界でこれまでのビジネスが通用しなくなりました。これから業務の縮小や廃業に伴って、大規模なリストラや失業者が増え、コロナ不況下でその受け皿をどうするかが社会に問われます。

例えば、コロナ自粛によりスーパーの売上は大幅に増え、テレワークによりＩＴ関連の製品が品切れを起こすほど売れています。衛生関連商品も品切れが続いていた時期がありました。ポストコロナでは、生き残るために異業種間のコラボレーションが進むと考えられます。自社だけでは考えつかない発想が、他社との協業によって生まれてくるからです。

新型コロナによる新しい生活様式に殺菌消毒があります。

スプレー式の容器に消毒液を入れて持ち運ぶ人も増えました。そこで登場したのがお弁当についてくる醤油入れです。お魚の形の醤油入れに消毒液を入れるという発想の転換です。

“#SafeHandFish” プロジェクトという名称で、企画会社が消毒液の会社とお魚醤油入れの会社に話を持ちかけ、ケータリングやテイクアウトの料理に無償で付けて、手を消毒してから食べてもらおうという企画です。まさに発想の転換によって、創出されたビジネスの一つです。

## 【小売業】「デジタル化×自社ブランド」で過去最高益も可能

コロナ禍でリアルなショップが店舗を閉める中で、ネット通販は隆盛を極めています。テレビCMにも今までなかったネットショッピング企業が出稿しています。「キャンプファイヤー」のようなクラウドファンディングを大手メーカーが利用し、新製品を売り出すことまで行われています。

これまでの小売りの常識は完全に変わりました。そうした中で既存のショップはいかにして生き残ればいいのか。

必要なことは**自社ブランドの確立**です。

ある八百屋が、通販を始めるとします。

飲食店が潰れていく中で生き残るには、通販を行うことは正しい選択でしょう。そこで自社ブランドの問題が出てきます。取り扱っている野菜を一覧表にしてホームページに掲載しても、普通は買いません。スーパーで買えば済むからです。

しかし、目利きが市場から仕入れた旬の野菜10品目を毎週送るサービスならどうでしょうか。あるいは農家から直接仕入れた市場に出ない野菜ならどうか？

その店独自の視点で商品をパッケージすることで、消費者のマインドにしっかりと刺さるようになります。自社ブランドを大げさに考える必要はなく、独自の売り方、独自のコンセプト、独自のパッケージと考えれば、おのずと活路が見えてくるでしょう。

## 【飲食業】「コラボ×イベント企画」で新しい生活スタイルをプロデュース

コロナ禍で大損害を受けた飲食業ですが、店内での飲食が難しいことからテイクアウトや宅配が増え、ウーバーイーツや出前館のような飲食の宅配業者が急成長しているのはご存じのとおりです。

その次に何が来るのか? テレワークが定着すると会社への帰属意識が薄れます。昭和の時代は家族主義で会社への帰属意識が高く、高いゆえに多くの社内イベントが開催されました。運動会や社員旅行、忘年会、新年会、いずれも欧米の企業にはない、日本の会社特有のイベントでしたが、家族主義だからこそ成立したといえるでしょう。ライフスタイルが欧米化し、企業が終身雇用を守れなくなった時点で日本企業の家族主義は崩壊します。親が子どもを育てるように企業が社員を守り、育てていく企業風土はあくまで終身雇用が前提であり、終身雇用が壊れたということは、企業はもう社員を守らないに等しく、社員とは家族であることはできません。同時に家族主義の下で成立していた社内イベントは軒並み消失しました。

そんな会社への帰属意識がなくなりつつある時に、コロナ禍によるテレワークが始まったわけです。テレワークは会社への帰属意識をさらに希薄にさせます。

しかし、イベントで帰属意識を高めようとしても、昭和の時代に会社が行っていたイベントでは今の社員には受け入れられないでしょう。

そこで、**テレワークを行っている企業に対して、飲食店がイベント型のオリジナリティのある懇親会の提案をする。必ずしも店舗である必要はなく、ケータリングでもいいでしょう。**

テレワークが主体になれば、オフィスは仕事をする場所ではなくなります。では何のためにオフィスがあるかといえば、基本は社員が交流する場です。帰属意識の維持のためにオフィスがある。そうであれば、オフィスは最低限の機能へ縮小してしまい、月に1度、レストランに集まってもいいし、反対にオフィスにケータリングで料理を持ち込んでパーティを開いてもいいわけです。

テレワークによってライフスタイルが根本的に変わることを理解し、**飲食という仕事が新しい働き方や生活スタイルにどう適応できるのかを考えれば、店に人が来なくても売上を増やす方法はいくつも見つかる**と思います。

## 【宿泊業】「VR×ロボット化」で事前収益を確保

ＧｏＴｏトラベルの施策で観光業が一瞬持ち直した、という経緯もありましたが、海外からの観光客を失ったことによる大幅な減収は避けられずにいます。1年、2年とこのままコロナ禍が常態化した場合、従来の観光スタイルでは事業が維持できないのは明白です。

すでに始めている旅館もありますが、ＶＲを使って宿泊を疑似体験してもらったり、近郊の観光地を紹介することで、ただホームページに客室写真と料金を載せておくだけよりも集客効果は高いと思われます。またＶＲで宣伝すると、ＳＮＳで取り上げられやすいということもポイントです。

ＳＮＳを使って、一般客にハッシュタグでホテル名やサービス名をあげてもらうと特典ポイントが付くといったプロモーションも始まっています。これまでがホテルや旅館側が一方的に情報を出していたのに対して、一般客がインスタグラムなどを使って口コミで情報を拡散すると、情報の質がよりユーザーに近くなり、消費者を呼び込みやすくなるのです。

温泉地であれば、旅館組合から名物のカニを宣伝することはあっても、古い喫茶店のクリームソーダを〝映え〟るからとアピールすることはまずないでしょう。

そのようなプロモーションによって、事前に収益の見込みを立てておくことが、これからの時代には必須になります。プロモーションは自分たちがお客様といっしょに行うものであり、もはや広告代理店や旅館組合に任せて集客できる時代ではないということです。

ＳＮＳを使ったプロモーションは自己増殖的に情報が拡散していくので、動き出してしまえばあとはメンテナンスだけで済むのも魅力です。現場の負担が少なく、自動的に集客が行えます。これまで自動化できるとは思われていなかった広報や宣伝という分野が、観光業では十分に自動化（＝ロボット化）できるのです。

また、コロナ直前までは、24時間営業のジムは極端に従業員数を減らし、会費も安く抑えつつ、会員数は何百人単位で集めて、店舗数が増加していまし

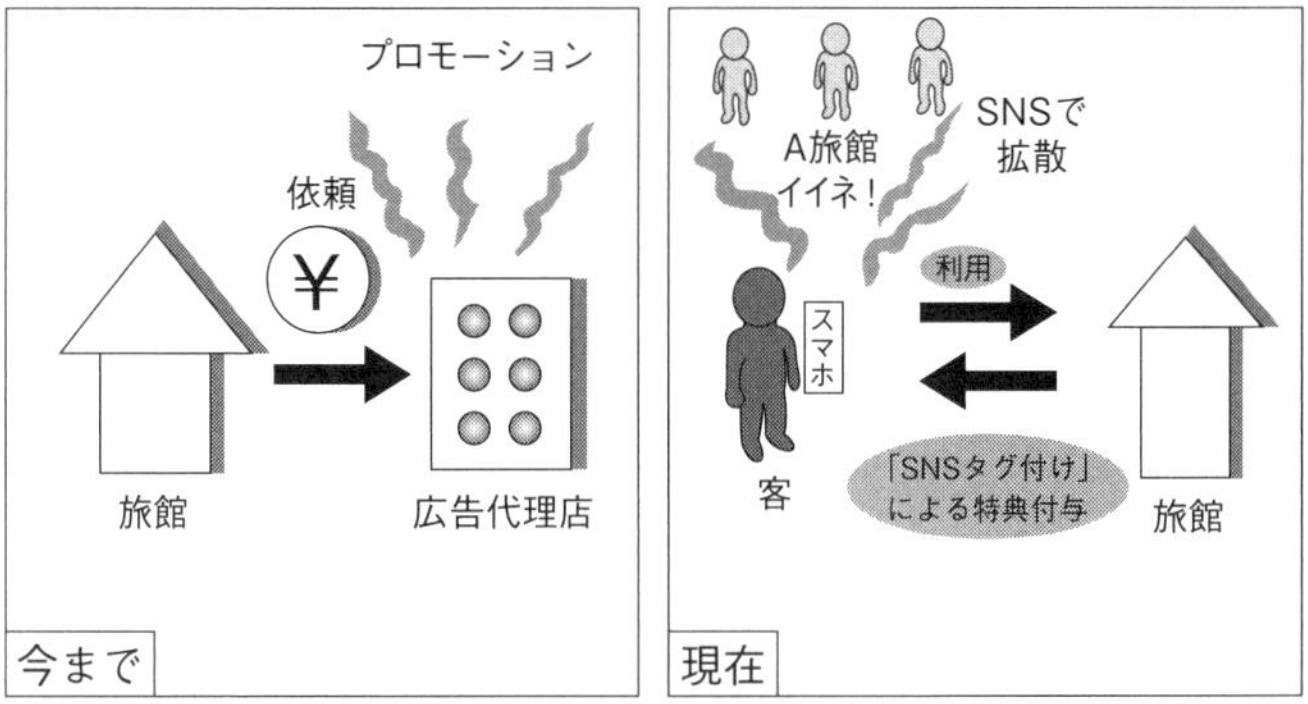


図4-1　SNSによるプロモーション

た。

消費者が先に会費を払ってしまうので、企業としては継続的な収益を確保できます。これは形が違うので気がつきにくいのですが、定額でサービスを提供するサブスクリプションの一種です。同様に、**観光業でもサブスクリプションを導入できれば、利益が確保できます。SNSによる自動化はその最初の一歩となる**でしょう。

## 【不動産業】「サテライト×空き物件」でニーズに対応

テレワークの普及はサテライトオフィスの需要を高めます。今は一時的な移行期間として、多くの企業では社員に自宅からリモートで業務を行うことを容認していますが、セキュリティを考えればこれは相当に危険です。セキュリティ強度の高い環境が必要であり、対応したレンタルオフィスやサテライトオフィスの需要が高まります。

さらには今後、コロナ要因に加え、日本の人口減少に伴い、首都圏及び地方の主要都市部においても、駅前オフィス物件や繁華街の店舗物件など付加価値の高かった物件でも、空き物件が増えると予想されます。

テレワークに伴う地方への本社移転や分散型オフィスなどの増加を機微にとらえ、空き物件をサテライトオフィスに変えたり、都市部から地方へ移転する企業を受け入れることなどによって、新たな企業空間の創出ビジネスにつなげることができます。

コワーキングスペースやコワーキングオフィスなどという言い方で、レンタルオフィスは急増しています。今後は、設備等のハード面だけでなく、そこにオフィス（働く場）があることで、ネットワーク（人脈）が広がったり、**協働してビジネスを行えるようになるなどのソフト面も重視されるようになります。**

## 【金融業】金融業は「AI×セラピー」で癒しの場に変貌

スタンフォード大学のマイケル・オズボーンが2013年に発表した論文『未来の雇用』は世界に衝撃を与えました。同論文はAI化とロボット化により米国の雇用市場がどのように変わるのかをシミュレーションしたもので、現在ある702の職業の多くは自動化され、10年後には現在の労働者の47%が失職するという衝撃な結果が出たのです。

非定型業務としてコンピュータによる省力化をまぬがれてきた職業も、AIの前にはただの定型業務と化してしまいます。

タクシーやバスの運転手は自動運転の進化で失職し、弁護士や会計士の仕事の大半はAIに奪われると言われているのです。

工場は無人化し、デザインや音楽も新奇性が必要なければ、AIが過去の作品を組み合わせて新しく創り出すことができるでしょう。

銀行をはじめとする金融業もこの波から逃れることはできません。コロナ禍以降、銀行の店舗閉鎖や早期退職がよくニュースになります。銀行の窓口業務はほぼAIに切り替えることが可能で、内部の人員もAIで代替できる部分が多い。現在でも与信に専用のアルゴリズムが利用され、銀行がお金を貸す場合にいくらまで貸せるのかをこれまでの実績から自動的にはじき出します。その範囲が広がり、今度は銀行から人間のほうがパージされていくわけです。

銀行の店舗の多くはなくなりますが、残るとすれば金融に関するカウンセリングを行う場として残ると思われます。人間相手の仕事はなくなりません。カウンセラーやセラピストといった職種はなくならない仕事として挙げられています。

証券の世界ではＡＩによる株売買が常態化していて、熟練のディーラーに匹敵する利益を上げています。人間と能力が同程度なら、給料が不要なＡＩのほうが有利です。

どこに投資するかはＡＩに聞く、しかし投資で失敗した時のカウンセリングやセラピーは人間が行うといったことになるかもしれません。お金に関する相談窓口、夢を見せてもらえる場としてリアルな店舗は存続していくことでしょう。

保険のセールスはすでに消えつつあります。保険代理店制度はＩＴ化により消費者ニーズがなくなり、『ほけんの窓口』の登場で役割を終えた感があります。今後は『ほけんの窓口』も窓口業務をやめて、完全にオンラインへ移行する可能性があります。ファイナンシャルプランナーの役割はＡＩ化し、保険比較サイトの中に格納されることになるでしょう。ここでも生き残り（サバイバル）策は、同様です。**個別のコンサルテーション業務やカウンセリング的な業務は存続していく**のです。

## 【IT（情報通信業）】「バーチャルオフィス化×リゾートオフィス」が新たな福利厚生

ワーケーションやリゾートオフィスの概念自体は30年以上前からありましたが、当時はインターネットさえ一般には知られていなかった時代です。ネットワーク環境や社会通念がハードルになり、普及はしませんでした。

ＩＴ業界はコロナ禍以前から在宅勤務を奨励することが多く、個人のネットワーク環境がすでに整っていたこともあって、テレワークへの移行は比較的スムーズに行われきました。

中小企業の中には東京のオフィスを引き払い、拠点を温泉地などのリゾートに移すところも出てきました。また、アメリカが発祥とされるワーケーション（ワーキングとバケーションの造語で、リモートを駆使してリゾート地に長期滞在して仕事をするスタイル）も話題になりましたが、実際にやっている企業はＩＴ系が多かったようです。

オフィスがリゾート地に移る、社員が自分の好きな土地で働くということは、これからの時代の福利厚生になると思われます。出張や転勤が確実に減少し、その中でもテレワークが実践されるため、地方出張や地方勤務のイメージがずいぶん違うものになるでしょう。

ＩＴ関連の仕事は個人で行う作業が多いため、このような新しい動きにもいち早く対応できたとも言えます。プログラミングを個人が在宅で行うことは、以前からＩＴ業界ではある程度一般化していたわけです。

このことは逆に、これからの社会ではテレワークの進展によって、個人で行える仕事が増えていくを示唆しているとも言えます。ワーケーションやリゾートオフィスが増えてくれば、働く側としてはそうした働き方ができる企業に勤めたいと思う人が多くなってくるでしょう。

しかしながら、一方で、人と人とのふれあいを求めるニーズが高まったり、また、いくら個人業務が増えるとはいえ、共働で働く場面がまったくなくなる、ということは考えられません。よって、いかにしたらいい形での「協働（共働）」ができるのか、という点についての関心も高まります。**効果的な協働のためのアプリケーションや仕組みを生み出すのはＩＴ業界の領域の仕事です。**そこにはビジネスチャンスがあるとも見てとれます。個人でできない仕事には人が集まらなくなるという傾向も生まれるかもしれません。

## 【メーカー】「AI化×癒し×出会い」の3要素掛け合わせで「安心」創造

これからの製品はＩｏＴ対応が前提で、デバイスのコントロールにはＡＩが必ず使われます。それは、ユーザーによりよいデジタル環境を提供する意図で設計されているはずです。それに加えて、コロナ禍では**癒しと出会いをコンセプトに持つ商品が注目**されるでしょう。

テレワーク社会が進展すれば、**人々の孤立化と個性化**は避けられません。日常的に人と会うことは今はまだ当たり前で、一人の時間が欲しくてわざわざ山でソロキャンプをやる人が増えているほどです。

しかし、これはいずれ逆転します。少ない人数で暮らすことが当たり前になり、満員の通勤電車は平成までの思い出として語られるようになる。そして、海外の人材とＡＩとがビジネスの競争相手になり、収入を得るためには外国人やコンピュータにはない自分の個性を打ち出していくしかありません。

どんな状況でもそれを受け入れたり、それが最適な生き方という人たちはいます。**マニアにとってはパラダイスのような時代**でしょう。自分の好きなことだけを突き詰めて、それを理解してくれない近くの人とは話す必要もないわけですから。

自立性が高く、その気になれば独立できるという**起業家気質の人にも生きやすい世の中にな**ります。事実、すでに流行文化はオタクと起業家が中心になっています。いずれサラリーマンという単語は死語になるかもしれません。

一方で、性質が真逆の人たちには受難の時代でしょう。昭和的なみんなでワイワイが好きな人や社内営業に長けていたり、宴会要員と呼ばれるようなタイプの人はスポットライトが当たりにくくなります。そうした人たちが孤立化する危険があります。

テレワーク時代にコミットできなかったそのような人たちには、**癒しが必要**となります。

昭和世代の若者にとって車はカッコよく、持てばモテるものでした。自分をブランディングするために買っていました。顧客訪問時には、クラウンに乗って行ったほうが信頼されると思われていました。「社会人たる者、いつかはクラウン」と言われていた時代もあったのです。車とは可視化された社会的ステータスでした。

テレワーク社会では、外からの目を気にする外的志向から、**自分が癒される内的志向へと価値観が変化**します。車で顧客の元へ行くこと自体がまれになりますし、車を持っていてもモテるわけでもない。そういう時代に車に何が求められるかといえば、**癒しと安心**でしょう。エンジンのパワーや押し出しの強いエクステリアが購入基準から外れ、**自分用に徹底的にカスタマイズ**できるような車に人気が集まるのです。

ファッションも外に対してアピールするのではなく、自分がいかに快適に過ごせるかが選択の中心になるでしょう。大手アパレルメーカーが苦戦する中、ユニクロが爆発的に売れているのはファストファッションの本質をとらえているからです。服は自分のために着るのであって、誰かに自慢するためのアイテムではなくなったのです。

これまで企業が社員に提供してきた「集団に属する安心感」が大きく減少していくのも、テレワーク社会の特徴です。癒しとともに、集団への帰属という安心感を提供する必要があります。車であれば、その車種やメーカーのファンクラブやオーナーだけのイベントといった仕掛けが求められるでしょう。ファッションでも、そのブランドを買う理由を消費者に問われます。

スターバックスはフェアトレード（児童労働のような搾取がない、公正な貿易の商品）のコーヒー豆を使い、消費者もスターバックスのコーヒーを選択することで世界を良くするそのアクションに参加することができる。何かに帰属する安心が、商品として必要とされる時代なのです。

## 【医療／福祉】「遠隔診療×ロボット化」で安全化

コロナ禍で遠隔診療の診療報酬が議論されていますが、現実的にはすべてを遠隔診療で行うことは不可能です。実際に医者が患者の体に触れないと本当の健康状態は把握できません。

これはテレワークの課題であり、人が互いにやり取りしている情報は言葉だけではありません。五感すべてで情報をやり取りしているのに、テレワークは精度の低い視覚と聴覚が中心になります。

医療のように深く相手の情報を取り込むスキルが必要な職種では、テレワークは難しいと言えます。一方で、自動化できる部分もあり、無医村などでは、遠隔医療によって、専門医の支援が受けられます。

テレワークの特性を理解した上で、テレワークを生かせる環境が必要です。

遠隔医療と言っても、ロボットが人間の代わりに手術する時代はまだ先のことです。現在の手術ロボットは、ピンセットやメスを遠隔で操作できるリモコンに近いものです。現場に医師がいなければ、まだ手術は行えません。

一方、介護の現場ではどんどんロボット化やＡＩ化が進んでいくでしょう。例えば、ベッドから抱き起こして車椅子に乗せたり、褥瘡にならないように寝返りをうったりといった力仕事は、広義のロボットが行うようになるでしょう。いまの段階ではそれはベッドがロボット化するという意味であったり、あるいは介護者が一部の筋肉を増強させるためにロボットを装着する、といった段階ですが、将来的には人型ロボットが活躍するようになるかもしれません。

介護領域においても、いわゆる作業、それも人が大変だと思っていた作業はどんどんロボット的なものに置き換わっていきます。

しかしそれで介護に従事する人が減る、介護の仕事がなくなるということではないと思います。**いま以上に、入居者の方を心理的・精神的にケアするような役割は重視**され、介護の職業がなくなる、ということはないでしょう。

また、ＡＩによって入居者の状況や言動が記録されるようになれば、適切なケアはどのようなものなのか、この入居者にはどのような心理的ケアが必要なのか、といったことをＡＩが助言をしてくれるようになるとも予想されます。それを**人同士のふれあいの中で具現化していく**のは人間の役割です。

こうしたことは医療従事者にももちろん言えます。どんどんロボット化やＡＩ化が進んでいきますが、人と人とのふれあいという点では、もちろんこの領域の職業はなくなりませんし、**より人間的な仕事内容**が求められるようになっていくでしょう。

## 【教育／学習支援業】「遠隔授業×フィールドワーク」で未来コンサルタント

テレワークの影響をもっとも受けたのは教育現場でしょう。

教育とは何か？　という根本的な問題に関わってきます。効果の高低は別として、知識を学ぶだけならテレワークでもいいでしょう。現に放送大学もあるわけです。

しかし、教育はそれだけではありません。特に小中高は学校で集団生活を学び、友だちを作り、遊びながら成長し、大きくなっていきます。それらも含めて教育とみるならばテレワークだけの教育は十分ではない、ということになりそうです。

それをふまえた上で、テレワーク教育は行っていくべきです。テレワークだから社会性が完全にスポイルされるというのも極論であって、度合いの問題です。

テレワーク教育で欠ける部分をフィールドワークで補足するやり方もあります。テレワーク教育では通学時間が不要になるので、その浮いた時間を使って実際に現場に行き、生の体験をする機会を増やすことができます。

学習をどう捉えるかによりますが、最近は**体験学習が重視**される傾向にあります。生徒は世の中にある仕事を理解し、知っているわけではありません。テレワークは、これまで教育の現場に入れなかった職業の人たちも自由に呼び込むことができます。これはテレワーク教育の大きなプラスの側面です。

いまはだいぶ小学校レベルからキャリア教育が行われるようになってきました。仕事をしている人の現場を実際に目で見て、また体験もする、そうしたキャリア教育は、学校教育に多様性をもたらします。

子どもたちにとっての多様性とは、「世の中にはこんな仕事をして生活している人がいるんだ」という感覚です。ともすると学校教育の中では、勉強ができるとか、スポーツができるとか、限られた評価基準しか示されないことがあります。職業についても、先生や自分の家族や親戚の仕事しか知らなかったりするので、親から「勉強していい成績をとって誰々さんのようになりなさいね」などと言われると、それしか見えなくなってしまったりするのです。

それが、いろいろな職業で実際に働いている人たちと接することによって、多様性を感じられるのです。

私たちキャリアコンサルタントは、子どもたち一人ひとりの多様な将来像を、その子に即して引き出していくことができます。いわば未来コンサルタントとも言えます。キャリアコンサルタントだけに限らず、**教育そのものが、子どもの明るい未来を引き出せるコンサルタント的な役割を持つようになる**ことがテレワーク時代には求められています。

## 【接客サービス業】「AI化×物語化×セルフケア教育」で価値提供

人間型のロボットが現実に接客する未来は少し先でしょう。人間に似せれば似せるほど人形は不気味になるという「不気味の谷」をロボットは越えられずにいます。ペッパーのように人間に似ているが人間ではない形状にしたり、アーティストを使って造形することで動かなければ不気味の谷を越える（面白いことに動くと急に不気味になります）ロボットもありますが、見世物ではなく本当に人間の代わりになるには、まだ時間がかかることでしょう。

しかし、接客のサポートという意味ではAIはすでに活用されています。AIにより消費者の消費動向に合わせて商品を提案、満足度を高めることは、ネットを使っていれば経験しているることです。一度でも見た商品カテゴリーの広告は、途切れなく表示されます。

また、ネットフリックスではユーザーの視聴動向に合わせて、表示するパッケージの画像を変えるという非常に手の込んだことを行っていますが、こうしたサービスはAIがなくては不可能です。

ブランド品を買うのは、商品ではなくブランドの持つ物語を買うのだという言い方がよくされます。オードリー・ヘプバーンが身につけたジバンシィ、キャリウーマンのための服をデザインしたココ・シャネルなど、そうした物語が消費者を魅了します。

テレワークにより孤立化する個人は、自分を安定させる物語を必要とします。同様に接客は、「消費者が主役となる物語」を提供できるかどうかで評価が決まるでしょう。

テレワークは、モニター越しに自宅で自分が行うケアの手伝い（髪の切り方、メイクのやり方など）をするセルフケア教育のような新しい接客スタイルを生み出します。

どのような価値が必要とされ、自分自身がどんな価値を提供できるのかを、しっかりと整理するとよいでしょう。

第５章

# テレワークが変える日本式ビジネス

## 「仕事のプロセス確認の訓練」が明暗を分ける

コロナ禍により、急速に広がったテレワークですが、コロナ以前にも導入した企業はありました。しかし広がらなかったのは、テレワークで成功した企業が少なかったからです。

テレワーク導入により生産性が向上しなければ、導入の意味がありません。当たり前ですが、会社でやっていた仕事を自宅でやりなさい、というだけで生産性が高まるわけがありません。

導入に成功した企業は、中間管理職が「段取り力」に長けています。段取り力をアップさせなければ社員の能力は引き出せません。テレワークでの生産性向上は、中間管理職の能力にかかってきます。

段取り力とは言い換えれば「社員のスケジュール管理とプロセスの確認」です。

いつまでにどの仕事を終わらせ、次に何をするのか？

会議で決まったことはどのように実行するのか？

会社に社員が集まっていた時はなんとなく進めることができた仕事の段取りを徹底して文章化し、指示することがテレワークのメリットを最大化する鍵になります。

多くの会社は、その場で目についた社員に「これをやっておけ」と指示したり、「今どうなっている?」と聞くアバウトな組織運営だったと思います。

テレワークではそうしたやり方が物理的にできないので、グループウェアや対面型ミーティングソフトなどを活用していかなければなりません。同時に部下の管理を徹底しなければなりません。厳しくするという意味ではなく、その日に誰が何をどこまで進める予定なのか? 問題点は何か? 課題は何か? など仕事上の情報管理をきちんと行わないと、部署のパフォーマンスを上げることができないという意味です。

そうした点から、テレワークに対応するには、中間管理職に対する教育の徹底が重要になります。

## すべてのマネージメントを可視化する

部署全体で考えた時、だれがどの仕事を分担するのか、仕事全体の仕分けを行う必要があります。これまでなら「これやっておいて」で済んだものですが、目の前に社員がいないテレワークではそうはいきません。部下のスケジュール管理と部署での仕事の仕分けをすべて明文化し、特に部署での仕事については、マニュアル化して全員が共有するというビジネススタイルを身につけなければ、中間管理職が務まりません。

帰属意識が低下する中でワーク・エンゲージメントを維持するには、社員がプロジェクト全体を自分の仕事として捉える必要があります。やらされる仕事ではなく、自分のキャリアにとって必要な仕事をやるのだという意思がパフォーマンスを向上させます。部署の全員にプロジェクト・マネジメント（ＰＭ）思考が必要になるわけです。

現在取り組んでいる仕事が、どういう意図で、誰が起案し、自分たちがどの部分を担当しているのか、これまでは管理職しか把握していなかった情報も、全員で共有する必要があります。テレワークをビジネススタイルの主体にする場合、会社としてもそこまで踏み込んだ意識改革が求められることを理解しておかなければなりません。

## 4要素を内省すれば企業は生まれ変わる

テレワークは、社員にも会社にも「内省」を求めます。内省は、英語ではリフレクション（Reflection）のことですが、これは自身の内面を客観的に振り返ることとされます。

社員の場合は、自分のキャリアをどのように開発し、どんな仕事を通じて社会とどのように関わりたいのか？　会社の場合は、どのようなゴール（上場するなどのアクションは手段であって、目的ではない）を目指すのか？　を振り返ることが、今後はより重要になってくるでしょう。

ビルの中にオフィスがあり、そこに社員が集まっていて、勤務する様子を見て回る経営者という図式はもう消滅するからです。

これまでは会社というイメージに自分たちを当てはめれば、なんとなく役割が見えて日々の業務もこなせましたが、テレワーク社会では従来のロールモデルはきれいに消えてなくなります。言い換えれば、ビジネスの本質がむき出しになると言えるでしょう。

自分たちにとって仕事とは何かを真剣に考えて定義しないと、社員はネットワークでつながっているだけですから、つまらないと思ったらあっという間に離散してしまいます。

では何を内省するのか？

ここでは会社の視点に立っての話をします。

ポイントは4つ、商品（サービス）、人材、組織文化、資産です。

①　商品　USP（＝Unique Selling Proposition：ユニーク・セリング・プロポジション）を明確化（USPとは提供している商品やサービスの他にはない独自の強みのことです）

②　人材　ワーク・エンゲージメントを考慮し、社員一人ひとりの持つ潜在的な力に目を向けて、どんな人材がいるのかを確認

③　組織文化　数字なのか社員の和なのか、暗黙の裡に重要だと思われていることは何かを棚卸し

④　資産　金融資産以外に、人脈や歴史、ブランド力も含め、自社の強みを洗い出し

**4要素を内省して明確化したり、棚卸し**したりできれば、そこから未来が見えてきます。商品・サービスのUSPを明らかにするだけでも大変な労力ですが、本書では第4章の中などでいくつかの考え方のアイデアを紹介していますので、参考にしてみてください。

コロナ禍以降の企業の在り方として、こうした作業を行うことで新しく組織を生まれ変わらせることが可能になります。特に経営者サイドでは、人材を単なる集金マシンとして数字で捉えるのではなく、財産として考えることが大切なのです。

## 「脳内フロー状態」が会社の生産性を高める

人間が1日のうちに集中できる時間は4時間と言われています。集中する中でもさらに集中した、いわば超集中状態を、心理学者のミハイ・チクセントミハイは『フロー』と名付けました。スポーツの世界では、同じ集中状態をゾーンと呼んでいます。

フローは簡単に言えば、時間を忘れて没頭している状態です。集中して周りの音が聞こえなくなり、気づくと何時間も経っていたり、逆に何時間も経っていると思ったら数分しか経っていなかったり、脳が日常とは違う動き方をするのです。

脳内フロー状態には簡単に入ることはできません。電話がかかってきたり、誰かに話しかけられるだけで集中力は途切れます。その意味では、テレワークは脳内フロー状態に入りやすいかもしれません。筆者らがテレワーク実証実験を行った時、何度も参加者アンケートを行いましたが、「集中力が増した」という回答が多く、それは仕事が中断されにくいという状況と大きく関わっていました。

テレワークにより、個人の作業が中断されることはかなり減ります。脳内フロー状態が起きるほどワーク・エンゲージメントが高い社員にとっては、在宅は脳内フロー状態に入りやすい環境と言えます。

「脳内フロー状態」で仕事を行えるような社員が多ければ多いほど、その企業の生産性は高くなる、ということができるでしょう。

ワーク・エンゲージメントが高く、つまり何のために自分はこの仕事をしているのか、そしてそれは誰のためになっているのかといったことについて、しっかりと「内省」もできており、**すっきりと仕事ができている社員は、テレワークを行うことで「脳内フロー状態」になる**ことも多いはずです。

「この仕事は自分にとって本当にやるべき仕事なのか？」と悩むような、そうした雑念がなく、かつ集中できる仕事環境がつくられている時、人は「フロー状態」に入りやすいと言えます。それは、企業としての生産性向上と業績アップに直結するのです。

## テレワーク化で天職社員が増える

自分のことを理解する（＝自己理解を深める）ことで天職は見つかります。ゲシュタルト心理学でよく言われることですが、『変容の逆説理論』という考え方があります。

「人は、自分でない者になろうとする時ではなく、ありのままの自分になる時に変容が起こる」というもので、人は周囲がいくら何を言っても変わるものではなく、「ありのままの自分でいることに時間と努力を費やす時」、言い換えれば「自分自身の現在のありように完全にひたる時に変容は起きる」のだという（『変容の逆説的な理論』Arnold Bei sser ／宮田はる子・村上尚子訳）。

今の自分を変えたいと占い師や宗教に走っても、本質的には人間は変わらないものです。こう変われといくら厳しく叱っても、いくらお金や地位で釣っても人は変わらない。もっとやる気を出せと怒るほど無意味なことはない。

唯一、**人が変わるのは時間をかけて自らが自らを知ろうと、自分に向き合った時だけ**です。自分の中に深く入り込み、自分が何者なのかを問いかけた時、人は変わるのです。

なぜかといえば、人は社会的に「あるべき自分」と自分の考える「本当の自分」との間を常に行き来して生きているからです。この両方の自分を認めることで人は変わるのであって、けっして外部から強制されて変わることはないのです。

仕事を天職だと思った時には、周りから見るとその人は変わって見えるはずです。仕事に対する姿勢も意識も変わる。**テレワークによって生まれた時間を自己理解に費やすことで、現在の自分を肯定し、仕事を天職として捉え直すことができる**のではないかと思います。

テレワーク化する社会では、個人と企業が「内省」を進めることが重要になります。そうした内省するための時間を与えてくれるのが、テレワークという働き方だとも言えます。

社員が天職を見つけるということは、「ワーク・エンゲージメント」を高めたということです。自分の仕事が自分の天職だ、と思える状態とは、「社会的なあるべき自分」と「自分の考える本当の自分」が矛盾なく一体となったように感じられる状態ではないでしょうか。

「社会的にあるべき自分」は、「従業員にとっては、会社が自分に求めるもの」とも言えます。つまり、会社の求めるものと本当の自分が合致していることが、ワーク・エンゲージメントが高い、ということです。**企業のワーク・エンゲージメントが高まれば、天職社員が増えるの**です。

そうした企業では「脳内フロー状態」で仕事をする人も増加するはずです。

## テレワークでは社内営業は不要、公平評価基準が重要

テレワーク社会では、ゴマすりや意味のないサービス残業など、昭和までの会社文化はほぼすべて役に立たなくなります。社内営業が意味をなさなくなり、社内の派閥も小さくなり、上司の覚えめでたく出世するということが減ります。社員はこれまでの社員の立場と外注スタッフの中間のような形になるでしょう。

欧米では経営者と社員が明確にラインを切られますが、日本でもそうなります。実力だけが問われ、実力がない人材は容赦なく解雇されるのが欧米の会社です。日本と欧米では文化と風土が違いますが、それでもテレワーク以前と以後とでは、人事上のシビアさにかなりの差が出るでしょう。

いわゆる日本的な腹芸は、テレワーク社会では通用しなくなります。言わずともわかるだろう、ではなく、言わなきゃわからない文化に変わります。何もかもが明確化される必要があり、特に人事関連の評価には公平かつ明確な基準が求められます。

これまで人事評定には評定誤差が付きものでした。評価をあいまいにする要素には、次のような心理的な要因があります（表5－1）。

表5-1　評価をあいまいにする心理的要因

| | |
|---|---|
| ①　ハロー効果 | 光背効果といい、高学歴である、親が金持ちであるなど本人の背景にある情報で資質とは無関係な部分を評価に加えてしまう |
| ②　寛大化傾向 | 事実に基づく基準がないために、評価が甘くなりがちなこと |
| ③　中心化傾向 | 部下の能力を把握していたい、部下に嫌われたくないなどの心理的な要因で部下に明確な差をつけられず、5段階評価であれば3に評価が集中する |
| ④　対比誤差 | 評価基準が客観的ではなく、評者が自分を基準にしてしまい、過大評価や過小評価が起きること |
| ⑤　近接誤差 | 直近に起きたことが評価に影響すること。半年間の評価しなければならないにもかかわらず、2日前に失敗したことで評価が大きく下がるようなことを指す |
| ⑥　論理的誤差 | 独立した項目に関連があると思ってしまうこと。英語ができることと分析に長けていることは別なのに、英語ができるからと分析力の評価も高くしてしまうなど |

こうした評価誤差が物理的に近くにいる相手に起こりやすいのはわかると思います。やたらに「ホウレンソウ」(報告・連絡・相談)をする部下や、相談してくる部下は実績にかかわらず、がんばっていると評価しがちです。

しかし、テレワークで実際に話をする時間が限られ、連絡の主体がテキストと数字になると個人的な心理のバイアスがかかりにくくなります。テレワークは、客観的で公平な評価基準を作る絶好のチャンスなのです。

社員同士の不満は、嫉妬や妬みなどが大半なので、明確な基準があれば不満を減らし、離職率を減らすことができます。人事評価の客観的基準を自社で作ることは難しく、外資系では人事そのものをアウトソーシングする会社が少なくありません。人事を外に出さなくても、社会保険労務士などのプロフェッショナルに評価基準を作ってもらうことも必要になるかもしれません。

しかし、上意下達的に与えられた評価基準で、本当に一人ひとりの従業員が評価に満足するかどうかは微妙です。キャリアコンサルタントが個別面談に入るなりして、社員一人ひとりが企業との関係性をとても良いと感じられるようになる（つまり、ワーク・エンゲージメントを高める）ことが具現化されることによって、不満も和らいでいくのではないでしょうか。

社長自らがキャリアコンサルティングの学びを深めて、個別面談も従業員一人ひとりと行ってください、という主旨のことを前述しましたが、評価の話が関わってきたりするとなかなか個別面談が難しくなります。そもそも業務面談ではなく、従業員のやりたいことや将来の夢を聴くようなキャリア面談ですから、評価の話などはしないことのほうが、キャリアコンサルティングでは一般的なのです。

そこで、外部のプロのキャリアコンサルタントに個別面談をアウトソースすることも選択肢の一つです。それによって**客観的な視点で従業員一人ひとりの不満や不安も聴き出すことができ、ワーク・エンゲージメントも高めていける**確度も上げることもできるのです。

# 社員の自主性がないとテレワーク導入は失敗する

テレワークでは、社員の会社への帰属意識が、リアルに会社に出社していた時に比べれば相対的に低くなります。そこでは、社員の自主性が重要になります。社員の自由裁量を認めることで、社員のやる気を引き出すようにしていくことが必要となってきます。

社員が自主性を高め、新しいアイデアや企画が出るようになることは望ましいことです。ある会社では、営業利益の2割を社員から提案される新規事業に投資するシステムを作っています。こうした仕組みは、会社を活性化できるものです。新規事業にチャレンジすれば、たとえ思うようにプロジェクトが進まなかったとしても評価は得られます。普段高い成績を上げている人材だけが、新しいアイディアや企画を出してくれるわけではない、という点が興味深いところです。

普段売上が上がらない人が「売上を立てるための企画」を出してくる場合もあるのだそうです。いずれにしても、**自主性の高い社員を多く生み出せていくかどうかが重要となります。とくにテレワーク時代では、社員の自主的なやる気が高まらないと、テレワーク自体が、その企業ではうまく運用できなくなるでしょう。**

## テレワークが生み出す新たな提携とアライアンス

アライアンスとは、もともとは「同盟」「協同」といった意味ですが、ビジネス用語では「企業の提携」「会社を越えて立場の違う人同士が手を組んで仕事をする」といった意味で使います。だから、同じ会社の中でアライアンスという言い方はあまりしません。

アライアンスはテレワークが標準化することで、多くの企業や立場の人たちの間で広がっていくと思います。

テレワークが主流になると、これまで会社の中で閉じていた人間関係が外へと広がることになるからです。異業種交流会に顔を出すのは、慣れないとハードルが高いイベントですが、オンラインミーティングという形で参加することは比較的簡単です。ビデオ機能を切って音声だけでも参加できますし、ミーティングを横で聞いているだけでもいいのです。

前述のＢＮＩという異業種交流会では、チャプターには、40人ほどのメンバーが集まっています。例えば私が知人をビジターとして誘うと、その人はチャプターの40人と知り合うことになります。ビジネスリテラシーの高い方々なので知り合うメリットは大きく、実際、ビジターの人たちの仕事が広がることも多々あります。

しかし、メインは朝食会のため、朝の8時には東京の丸の内まで出向く必要がありました。メリットがあっても、参加するには物理的、心理的にハードルが高かったわけです。しかし、ZOOMでの開催になったことで障壁は低くなりました。

オンラインで実際に会うよりも簡単に人と知り合うことができるとわかれば、今まで会うことのなかった人たちと出会うことで、いろいろな可能性が広がります。

スタンフォード大学のジョン・D・クランボルツ教授の「計画的偶発性理論」によれば、個人キャリアの8割は偶然で決まるといいます。いつかは独立したい、新しい仕事がしたい、そう考えてアンテナを立てていれば、参加した異業種交流会で知り合った人とビジネスが起こせる可能性が高くなります。

もちろん名刺交換をして終わりということも多いと思いますが、ZOOMでの異業種交流会は自己紹介をしても常に相手が表示されている状態なので、互いの理解が早くなります。プロフィールも画面共有で表示してプレゼンすることができますし、異業種交流会が終わった後で、パートナーになれそうな相手と1対1のミーティングをできるのもZOOMの良いところでしょう。

立席で名刺交換して終わるという異業種交流会よりも、よほど深く知り合える確率は高いといえます。

## アライアンスが生み出すイノベーション

異業種交流会で新しい人と知り合うばかりではありません。テレワークは、知っているはずの同じ会社の仲間のことをより深く知る道具でもあります。隣の部署で顔はよく会わせるが、どういう人物か知らない場合が案外多いものです。そのような社内の人たちが互いに知り合うために、参加のハードルが低いＺＯＯＭなどでのイベントは有効です。

経営者が、あえて社員同士がより知り合う場を設けてもいいでしょう。ＺＯＯＭ飲み会にお金を出している会社もあります。飲み会の酒代を１人いくらと部課ごとに渡すわけです。

新しい出会いがあれば、そこから新しい発想が生まれます。社内の部署同士は、あまり交流がないのが普通です。むしろ交流を嫌う会社や上司のほうが多いと思います。自分の頭越しに部下が仕事を進めるのが嫌なのかもしれませんし、社内と言えども関係者以外に部署の情報が流れることを嫌うのかもしれません。

よく営業部と開発部は互いに嫌うと言われます。開発が作ったものを営業はこんなものは売れないと言い、営業の成績が悪いと、開発部は売り方が悪いと文句を言う。

しかし、本当にそれが普通でしょうか。お互いが知り合い、開発部がどのような背景があってこの製品を作ったのか、営業部がどんな問題を抱えているか等がわかれば、対立ではなく、対話（コミュニケーション）が進めば、より良い製品と販売のやり方が見えてくるのではないでしょうか。

今まではさほど交流がなかった部署同士が、**現場レベルで交流を深めれば、トップダウンだけでは生まれなかった新しい発想や仕事のスタイルが生まれる**可能性が高まるのです。

ＺＯＯＭのイベントはそのままレコーディングできるので、その時、参加できなかった人でもミーティングを追体験できます。言った言わない、参加したしないといった漏れがなくなり、誰でも情報が共有できます。この特性も、実際に会うよりも誰でもが参加しやすいテレワークの特性だろうと思います。

**テレワーク社会では、ボトムアップにイノベーションや外部とのアライアンスによるイノベーションがこれまでよりずっと起こりやすくなります。**部下がやる気を出して外の人たちとアライアンスすることを手助けすることがテレワーク時代の管理職には求められる資質かもしれません。遅刻を怒り、サービス残業を押し付け、それに従う部下の評価を高くするような管理職は、通勤そのものがなくなるテレワーク社会では不要です。

部下が出会った人材の価値を見いだし、**イノベーションが起きるように環境を整える**ことが上司に必要な資質となっていくでしょう。

## 「テレワーク乗り遅れ社員」にはバディ制度で対応せよ

テレワークによってグループウェアによる情報共有や、ＺＯＯＭのようなリモートミーティングが一般化すると、乗り遅れる人が必ず出ます。そのフォローをどうするか？　講習会を開くにしても、コスト面やコロナの問題もあり、簡単ではありません。そこで、バディ制度で対応します。メンター制度の一種といえるでしょう。

メンター制度は上司とは別に、経験豊富な先輩を後輩の育成係として担当させる制度で、メンターは業務にとどまらず、広くキャリア形成の指導や助言を行います。

テレワークにより、各自の出社が不規則になると、社内の人間関係が希薄になり、若手社員の教育が難しくなります。テレワークで自由に仕事ができると考えるのは中堅以上でしょう。若手からすれば、教えてくれる上司とは画面越し。ちょっとした雑談や情報交換さえする相手や機会に恵まれません。

それで会社をイヤになって辞められたら、会社としては甚大な損失です。

メンター制度は、そうした旧来のシステムがテレワークに移行する際に、抜け落ちる若手教育をサポートする点で注目されています。

中堅社員でコンピュータに弱い人もいます。さらには、スマホしか使えず、グループウェアをやろうにもキーボードが打てない若手もいます。そのような社員をメンター制度の応用で手助けしようというのです。

ただし、メンター制度のネックは、必ずしも同じ部署や職種の後輩と先輩がセットになるわけではないという点です。担当ですよ、と言われてメンターになっても、部署も違えば仕事も違うとなったら、それで仲良くなれというほうが難しいでしょう。

また、キャリアコンサルタントの技法である傾聴なども、本当なら習得する研修が必要なのに、そういう基本的なことをしない会社も多いのです。

バディ制度はメンター制度とは違い、あくまで仕事に使うアプリケーションの操作や環境設定だけです。メンター制度のような人間関係に基づく面倒なことは一切なく、マニュアルを面倒で読みたくない、または読めない人に、社内の環境に詳しい人が必要なことだけを教えます。

テレワークによって旧来の企業文化で通用しないものや、逆に新しく生まれるものもあると思われます。リモートミーティングで、上司の画面を上座に表示させることが話題になりましたが、そういったことを受け入れるのか否定するのか、あるいはその会社ならではの新しいフォーマットを作っていくのか。

そういうことをネット文化になじまない人に教えていくことも大事な役割になるでしょう。

## 「イノベーティブWEテレワーカー」が未来を決める

テレワークで社内外でのアライアンスが一般的になった時、これまで営業の一部の人材にしか求められなかったアライアンス能力に対しての注目が高まります。異分野の才能をいち早く発見し、必要な人材を結び付けてイノベーションを起こす人材がフォーカスされるはずです。ここでは、仮に彼らを『イノベーティブ・ワーク・エンゲージメント・テレワーカー』（略称：エキスパートWEテレワーカー）と呼びますが、正確には今はまだこの世に広く認知されていない新しい才能であり、もしかしたら今後の花形の職業（職種）となっていくかもしれません。

こうしたイノベーティブWEテレワーカーを多く抱える企業は、外部とのアライアンスや部署間の情報共有が進み、組織の柔軟性が担保されます。状況の変化に迅速に対応し、新たな分野への進出に躊躇しません。社会が生き物のメタファーであると考える人もいます。

もしそうなら、企業は生物種ということになります。生物はウイルスを使って他生物の遺伝子情報を取り込み、進化の速度を速めます。同様に企業は、彼らを使って、異文化を取り込み、社会の変化に適応していくわけです。

彼らに**必要な能力は、キャリアコンサルティングと同じく傾聴と質問力**です。本来がどのような職種であれ、彼らは異なるジャンルの人材や企業のアライアンスに長けています。

アライアンスの意味は同盟であり、言葉の本来の意味からしても協業を意味するコラボレーションとは異なります。互いが互いの能力を生かして支援し合うというイメージが強い。

例えば、ある運輸会社が物流のネットワーク構築がうまくいかずに困っていたとします。その会社が、経路の最適化ができるアプリケーションを持つ会社と繋がれば、新たな物流管理システムが生まれるでしょう。アライアンスは、自分たちの持つ能力や技術を提供して互いを助け合うことなのです。

イノベーションを起こすには、大前提として知り合った相手の能力と目的を見極め、自分たちの能力が提供できる、もしくは提供してもらう技術のポイントを探し当てなければなりません。そして、自分たちの目的と合致したり新たな視点を与えてくれそうであれば、互いを結び付ける必要があります。

アライアンスを進めるのは、突き詰めれば人と人です。所属する企業との「ワーク・エンゲージメント」がとれている人材同士が、アライアンスする際には、その人があたかも企業会社を背負った存在となります。企業の方向性と、その社員の方向性が同じ方向を向いているからです。これが「**イノベーティブWEテレワーカー**」と命名した由来です。

## 個人事業者の必勝WEテレワーク3つの法則

「イノベーティブWE（ワーク・エンゲージメント）テレワーカー」の能力が必要になるのは、会社員よりむしろ自営業やフリーランスの皆さんかもしれません。職業を一言では言い表しづらいフリーランスは珍しくありません。デザイナーをしながらアイドルのマネージメントをし、映画を作るといった、企業人には想像もできない生き方をする人たちがざらにいます。なぜ彼らがそうした生き方ができるのかといえば、外部とつながり、常に柔軟に環境に適応しようとしているからです。会社員にとっては、テレワークによって始まるアライアンス重視の姿勢は、個人事業主にとってはこれまでも当たり前のことなのです。

これからのテレワーク社会で、会社を辞めて個人で仕事を始めようとするならば、次の３つの法則を、皆さんへご提案します。

① ３倍、人に会うこと
② ３倍、アピール力を高めること
③ ３倍、人の話に集中すること

テレワーク環境では、これまで人に会うために必要だった移動時間が不要になります。1時間の打ち合わせをするために、行きに1時間、帰りに1時間かかるのがこれまでのビジネス環境でした。2時間の時間ロスです。

テレワークであれば、移動時間から解放されて、時間を3倍有効活用できます。その時間を使って、できるだけ多くの人に会うことが、ビジネスを広げる機会を呼び込みます。

テレワークで人と話す時と実際に対面する場合とでは、相手に自分をアピールする方法も変わってきます。

視線が常に相手に向き、声はスピーカーかヘッドフォン越しです。自分のしぐさや声といったノンバーバルな情報は、相手に与える印象がリアルで会う場合とは大きく違います。テレワーク時代にどうすれば自分を印象付けられるのか？　その方法はまだ十分には確立されていません。だからこそ、これまで以上に気を使う必要があります。リモートでは資料を共有することができます。プロフィールをパワーポイントなどのプレゼンテーションソフトで見せることも増えると思います。そこでいかに印象を強くするか、リモートで自分を売り込むスタイルを研究する必要があります。

リモートミーティングでは傾聴のテクニックが深く必要になります。相手が求めているものは何か、いかに相手を助けられるかを考えながら話を聞くことで、アライアンスが可能になります。

## 実は危ない「ステイホーム」の落とし穴

テレワークでは、セキュリティ管理をどうするかが悩みどころです。

自宅で作業する場合は、情報漏洩の危険が常に隣り合わせです。情報をすべてクラウド上で管理するシンクライアントでなければ、セキュリティが担保されません。コロナ禍で暫定的に個人のＷｉＦｉ環境やパソコンに頼っていた中小企業は多いと思いますが、今後は社員のネット環境の整備と管理が絶対に必要です。

自宅ということで甘くなるのが、情報漏洩です。テレワークでは個人が強く表に出るので、広報の立場にないのに会社の情報をＳＮＳで拡散したり、個人の意見を会社の意見のように発表してしまう人が、もし社内の一部にいるとしたら、これは非常に危険です。

テレワークだからといって、個人のＳＮＳを会社がすべて把握できるわけもなく（別名義のアカウントの場合はほぼ捕捉は不可能）、炎上した場合、会社からすれば何が起きたかわからないでしょう。会社のブランドイメージが棄損されますが、どこまで社員の責任とするかも難しく、どういう形であれ、経営陣や管理職が責任を取ることになるでしょう。

どのように対策するのか、予防と同時に社員から情報漏洩やブランドイメージの棄損が起きた場合の手順をマニュアル化しておく必要があります。

蛇足ですが、こうした炎上に対して謝罪会見をよく目にします。しかし、株価も左右する謝罪会見はすべての手を打った最後に開くものであり、謝罪会見は会社へのダメージを最小限にするからこそ開くべきものです。ただ謝れば済むというものではありません。

基本的に一人の作業なので、トラブルが起きた場合、相談する相手がそばにおらず、相談することと自体が面倒だったり難しかったりします。そのために事態が深刻化しやすくなります。管理職は常に社員一人ひとりをフォローして、トラブルに敏感に反応できる感性を持っておく必要があります。

## 会社は「楽しい学校（キャリア開発）」の場に変わる

テレワーク時代は、個人の成長が会社にとっても重要になり、会社が個人の成長の場となる時代です。会社は利益追求集団ではなく、キャリア形成あるいは相互キャリア開発集団に変化しているということです。見方によっては学校のようなものとも言えるかもしれません。

経営者からすれば自分の会社を学校とは言いたくはないでしょう。しかし、学校として従業員を集め、授業料として従業員が働いた分の利益を会社がもらう、と考えたほうが優秀な人材が集まるかもしれません。

ここで授業料の代価として、従業員側で得られるものは何か？　といえば、それは従業員一人ひとりにとっての「キャリア開発」です。

キャリア開発とは、表面的には、「自分なりのキャリア（職歴）をつくることで仕事を通じてスキルや知識を培う」という意味ですが、それだけではありません。

そうした外面的な職務経歴書や履歴書に書ける「外的キャリア」だけではなく、「内的キャリア」も従業員は仕事を通じて開発するのです。

「内的キャリア」（内面的なキャリア）とは、心の成長と言ってもいいでしょう。他人の目から見ての外面的なキャリアとは別に「私がどう思っているか」という内面からみたときのキャリアがあります。他人の目ではなく、自らの目でとらえた時の仕事に対しての気持ちやとらえ方です。周囲からは、あまりいい仕事だとは思われていない仕事（外的キャリア）であっても、自分にとってはかけがえのない、自分自身を成長させてくれるすばらしい仕事であるということはあります。また、まったく逆のパターンもあるでしょう。

いずれにしても、会社が受けとっている授業料（一般的には会社の利益）に見合うかたちで従業員が得るものとは、その従業員の「キャリア開発」、あるいは人間的な成長なのです。

そう考えれば、会社が従業員に何を提供したらいいのか、また何を提供していれば企業利益に直結するのかということがわかるでしょう。これは、これまでの会社にはない発想ですが、ワーク・エンゲージメントを考えれば、おのずと行き着く経営の方向性だと思います。

会社がテレワーク化することで会社は作業スペースではなくなり、物理的な場所としての会社の意味は減少します。それだけに、従業員が集まる時は楽しい会社にしなければ、帰属意識は失われます。昔は、会社は遊び場じゃないとよく言いました。しかし、思い起こせば、昔の会社は運動会や社員旅行や実質的な社内お見合いもあったりで、今よりよほど遊び場だったと言っても過言ではありません。

会社とは何か？　もう一度、経営者も社員も考え直す時期です。そこから新しい生活様式に最適化したビジネススタイル、ワークスタイルが生まれるのです。

●参考文献

https://www.gestalt.co.jp/paradoxicaltheory.pdf

第６章

# テレワーク導入に欠かせないワーク・エンゲージメントの実践方法

# テレワークのためにはワーク・エンゲージメントが必要十分条件

ワーク・エンゲージメントの低下は社員の離職率を高め、職場の恒久的な人手不足を引き起こします。人手が足りないために労働時間が延び、スキルのない仕事も担当することになり、職場環境が劣化して生産性が落ち、さらに人が辞めるという負のスパイラルが始まります。

厚生労働省の『労働経済の分析－人手不足の下での「働き方」をめぐる課題について－令和元年版』によると「男女、年齢を問わず、働きやすさの向上には「職場の人間関係やコミュニケーションの円滑化」が必要であると考えている労働者の割合が最も多く、次いで「有給休暇の取得促進」、「労働時間の短縮や働き方の柔軟化」が多くなっている」という結果が出ており、**日本の企業では職場の人間関係が非常に重要なワーク・エンゲージメントを成立させる要素**なのです。

同調査ではワーク・エンゲージメント（WE）をスコア化して可視化しています。これを「WEスコア」と名付け、ストレスや労働生産性など働く上で発生するイベント要因との関連性を比べています。

WEスコアが高いほどストレスや疲労を感じる割合は少なく、仕事への自発性は高く、労働生産性も上がっています。そしてＷＥスコアが高い企業は雇用管理の取り組みとして、特に「職場の人間関係やコミュニケーションの円滑化」と「労働時間の短縮や働き方の柔軟化」のポイントが極めて高くなっています（「有給の取得しやすさ」「賃金の高さ」「人事評価の透明性と公正性」がそれに並びます）。

ではテレワーク下でＷＥスコアはどのように変化しているのでしょうか？

パーソルプロセス&テクノロジー株式会社と株式会社アトラエが２０２０年4月に発表した調査によると長期的にはＷＥスコアは低下傾向になっています。通勤時間の短縮や自主性に任されたビジネススタイルから得られる働きがいや時短効果も「チームワーク」と「組織への共感」のスコア低下を止めるには至りませんでした。

ＷＥスコア低下に対するテコ入れとして「通常からオンライン通話サービスを利用した1on 1（ワンオンワン）面談」「週次の部署全体のオンラインＭＴＧ」（ミーティング）「月次のワークショップ」などによる組織方針の共有を進めたところ、スコアは上昇に転じました。

テレワークでは組織との一体感が失われがちで、その結果、ＷＥスコアが低下することを組織人は理解しておく必要があります。

## 成果主義がビジネススタイルに

長らく終身雇用制を維持してきた日本では、仕事の成果から給与が算出される成果主義が根付いておらず、また人事にどのような評価基準を設定すればいいのかも曖昧です。営業であれば売上ベースで比較的わかりやすいですが、経理や総務の評価はどうするのか。これまでは上司が印象で評価し、それが許されたのは社員が転職することがない前提だからです。

これからは、優秀な社員は給与や待遇のいい会社にすぐに移ります。これはフリーランスの働き方を見れば、よくわかると思います。会社は一つの取引先なので、面白い仕事や支払いのいい会社の仕事へと流れていきます。

終身雇用が崩れた以上、成果主義で人事評価を行う必要がありますが、会社として人事評価基準を明確にすると同時に、社員に対して給与以外に何を与えることができるのかを中間管理職以上の役職者は考えなければなりません。いわゆるやりがいであり、ワーク・エンゲージメントができる環境づくりということになります。

将来のために今我慢してやる仕事という名目で、本来なら外注すれば済む仕事や、やる必要のない仕事をやらせていたのが日本の企業です。お茶くみや社内の掃除を社員がやることなどはわかりやすいでしょう。こうした仕事を社員にやらせることはこれからは不可能ですが、自分からやる社員を育てることは可能です。

経営者には、自分で自社の掃除をする人が増えています。経営者が、やりたくて掃除をやっている。なぜ掃除をやりたいかといえば、自分の会社であるという意識を維持するための儀式であったり、社内の問題点をいち早く発見するためだったりと、いくつか理由はあるのですが、いずれにしてもやらされてやっているわけではありません。ということは、会社の掃除を自分からやりたいというメンタリティは持ち得るということです。

社員が会社を経営者視線で見るようになれば、自主的に掃除をする会社になるということです。

掃除は一つのたとえですが、そのように自分から社員が動く環境ができれば、会社と社員を結び付けるのは給与だけではなくなり、より質の高い人材を自社にとどめておくことができるようになります。

いかにして成果主義プラスアルファの環境を作るか、社員が仕事をやらされるのではなく自分からやる居心地よい職場を作るかが、これからの企業の成否を決めていくのです。

# ホランド理論による「働く意義」の発見

筆者は一級キャリアコンサルティング技能士として、指導的な立場で講演や後進の育成を行ってきました。キャリアコンサルタントの役割は、仕事と自分の関係をより良いものにしようとする人を手助けし、目標に向かってファシリテート（促進）することです。傾聴や質問力の技術によって、社員の人たちに本当にやりたいことを発見してもらいます。「天職を見つける手伝いをする」と言い換えてもいいでしょう。

キャリアコンサルタントは、心理学や社会学から導かれた、キャリアに関する学説や調査ノウハウを身につけています。

自分が就いている職業が本当に自分に向いているのかを悩んでいる人には、職業選択理論とそれに基づくホランドの六角形（リアセック：RIASEC）を適用して、説明することがあります。ホランドの理論では働く人を次の6つのカテゴリーに当てはめ、適性診断を行います。

①　現実的　（Realistic）
②　研究的　（Investigative）
③　芸術的　（Artistic）
④　社会的　（Social）
⑤　企業的　（Enterprising）
⑥　慣習的　（Conventional）

※①～⑥の英字の頭文字を取ってRIASEC（リアセック）

「現実的」というのは、人やアイデアよりもモノを扱うことを好むこと。

「社会的」というのは人とコミュニケートしたり教えたりなど人と接することを好むこと。

また、図６－１の六角形を見ると、例えば「現実的」の向かい側は「社会的」になります。モノが好きな人はエンジニアになるでしょうし、人が好きな人は営業職や介護職、教師などになるでしょう。この６つの要素の組み合わせで性格や興味に合った職業分野がわかるのです。


なお、ホランドの理論の適性診断は、職業に対する興味や自信から自分のパーソナリティを理解する「職業レディネス・テスト（ＶＲＴ）」という適性診断テストなどで測ります。

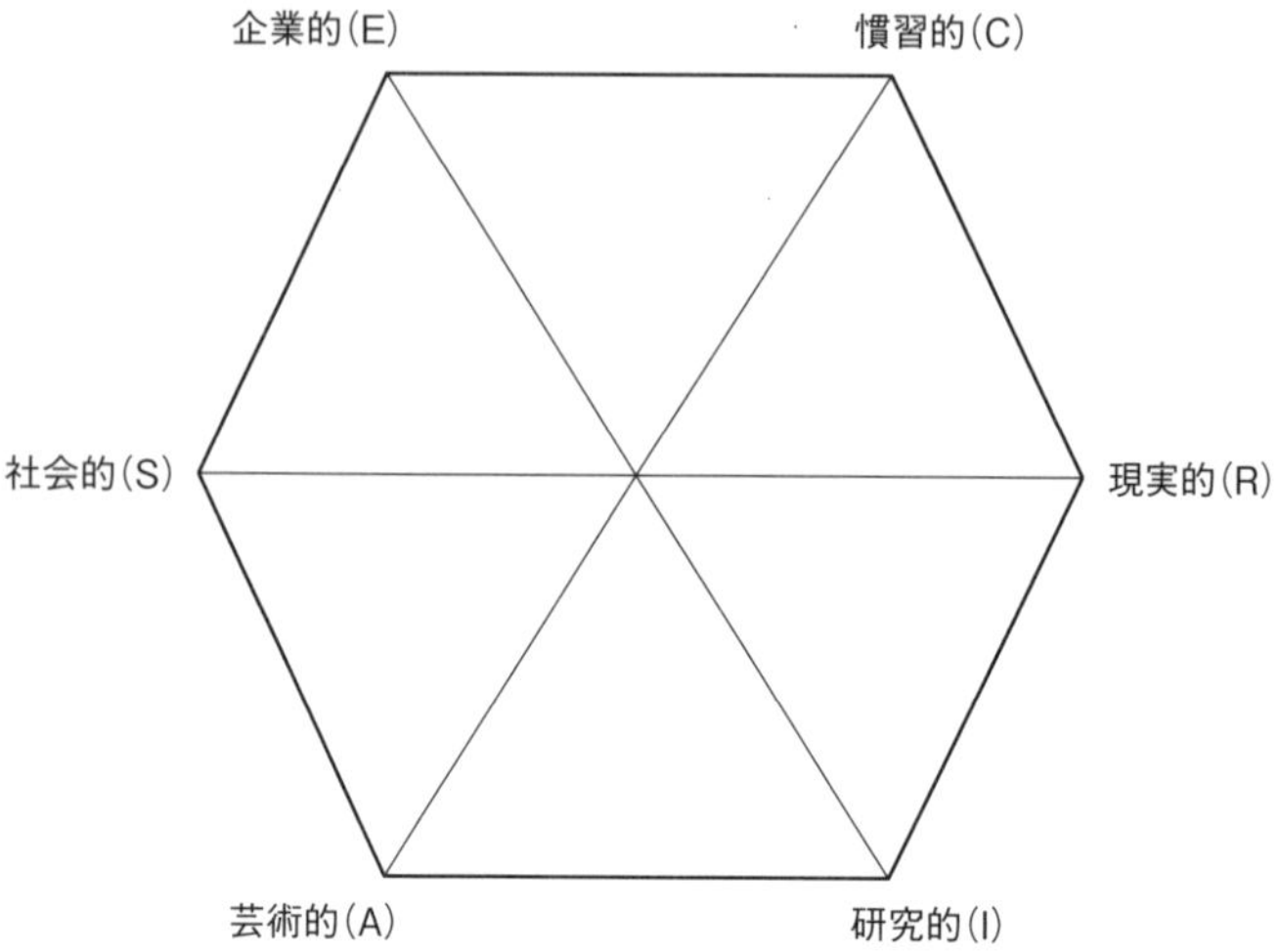


ホランド理論は、性格を「現実的（Realistic）」「研究的（Investigative）」「芸術的（Artistic）」「社会的（Social）」「企業的（Enterprising）」「慣習的（Conventional）」に分け、その相関関係で職業の適性を探し当てる

図6-1　ホランド理論

「職業興味」「基礎的志向性」「職務遂行の自信度」の3分野で測定するテストで、このうち「職業興味」と「職務遂行の自信度」の2分野は54枚のカードにまとめた「VRTカード」で簡易に測定することもあります。

カードの表には、仕事の作業内容が書かれています。裏には、作業内容に沿った職業名もしくはリアセックの分類が書かれています（図6-2）。相談に来た人は、キャリアコンサルタントからの説明を受けた後に、自身でカードを「やりたい（仕事）」「やりたくない（仕事）」「どちら

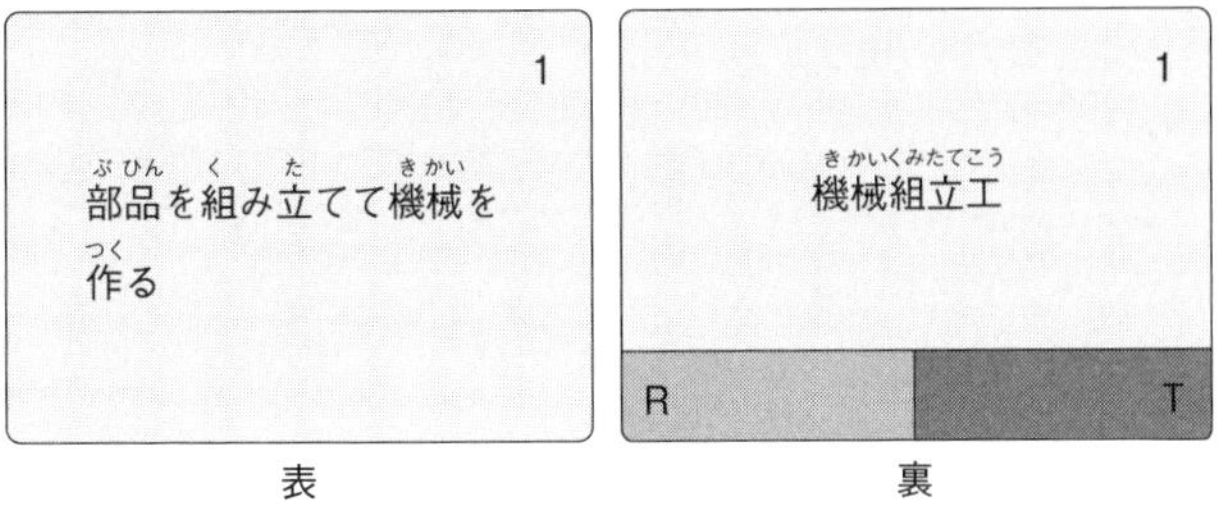


自分の職業適性を、カードゲームで遊びながら見つけ出すことができる

図6-2　VRTカード

でもない」に割り振っていきます。

コンピュータを使ってリアセックの適性診断をさらに詳細に行うこともあり、その場合はリアセックの傾向（結果）は点数（スコア）として出てきます。例えばR＝40、I＝20、A＝60のように表します。6つの要素のスコアが出たら、そのうちの上位3つを「スリー・レター・コード」と呼び、これを基に職業適性がわかるとされています。このコードと職業との対応はDOT（Dictionary of Occupancy Title：職業分類辞典）といったもので明確化されています。

発祥国のアメリカでは、職業適性テストでスリー・レター・コードがわかれば、どんな職業が向いていて、その職業に就くにはどういう学校でどんな資格や訓練を受ける必要があるのか、データベース化されています。日本でも厚生労働省で同様の日本版作りが進んでいます。

しかし、職業適性がわかったとしても、それとその仕事とエンゲージメントできるかどうかは別の話です。あなたのスリー・レター・コードはこうなりました。したがってこの仕事に就きましょうと言われて、やる気が出るでしょうか？

心理学者のマーク・L・サビカスは2002年にキャリア構築理論を発表しました。ホランドの理論をはじめ、これまでのキャリア理論は個人の能力をいかに客観的に評価し、パフォーマンスを引き出すかに主眼に置かれていましたが、サビカスはキャリアに主観的な〝物語〟を導入します。

物語の骨子は、次の3つの要素で組み立てられます。

①　職業的パーソナリティー（What）
②　キャリア・アダプタビリティ（How）
③　ライフ・テーマ（Why）

ある仕事への能力や関心があって（＝職業的パーソナリティー）、その職に就くために資格を取ったり勉強をしたりする（＝キャリア・アダプタビリティ）。その理由はこうだから（＝ライフ・テーマ）という個人の物語をキャリア形成に適用するのです。

筆者が主催するキャリアコンサルティングの養成講習に参加している女性は、長く地元スーパーの裏方の仕事で、魚のパック詰めや野菜の品出しなどをやっていました。夫がコロナで失業したためにもっと給料のいい仕事はないかと思い、市の女性支援センターに相談に行ったところ、窓口のキャリアコンサルタントが親身に相談に乗ってくれたことで、彼女はキャリアコンサルタントになりたいと思い始めました。自分は人と話したりするのがもともと好きだったといったことにも自ら気づきました。そして養成講習に参加し、大変よく勉強して国家試験にも合格、彼女はキャリアコンサルタントになるという目標を達成しました。彼女の動機や理由や成果が、そのまま物語になっているのがわかると思います。

悩みやトラブルが起きた状況を一つの物語とみなして、問題を解決する方法をナラティブ・アプローチ（ナラティブ＝物語）と言います。自分の人生の流れをストーリー化し、天職が何かを探るのです。

# 日本版キャリア・アンカーの必要性

やらされている仕事だからやる気も出ず、働きがいもやりがいもないからパフォーマンスが落ち、最後は転職や退社をしてしまう。社員にやる気があるのか、働きがいのある仕事や会社であると考えているのかどうかは、経営者側からは見えにくいものです。

ＭＩＴ名誉教授のエドガー・Ｈ・シャインは『キャリア・アンカー』という概念で社員のやる気を説明しています。アンカーとは、船などを動かないようにしておく錨《いかり》のことです。「キャリアの錨」とは、自分を仕事につなぎとめているもの、といった意味です。

シャインによれば、キャリア・アンカーは８つあります。

①　専門・職能別能力
②　経営管理能力
③　独立性
④　保障と安定
⑤　起業家的創造性

⑥　奉仕や社会貢献
⑦　純粋な挑戦
⑧　生活様式

この8つのうちで、仕事をする上で自分がもっとも大事にして取り組んでいるもの（アンカー）は何か？　それを知れば、自分のキャリア設計や人生設計に役立つというわけです。

キャリア・アンカーはアメリカの文化における考え方なので、日本人にはそぐわない面もあります。日本人に仕事で大事なことを聞くと、人間関係やみんなと仲良くするといった協調性を挙げる人もいます。しかし、そうした要素はキャリア・アンカーの8項目にはありません。

なぜでしょうか？　それは、アメリカのような多民族による競争社会で生き残るためのサバイバルを前提とした価値観がキャリア・アンカーであり、成果主義の中での指標だからとも言えます。そこには日本的な価値観である、社員同士が仲良くやっていくことは含まれないわけです。

厚生労働省もキャリア・アンカーを使ったジョブカードというプログラムを用意していますが、日本人向けにカスタマイズする必要性があるかもしれません。日本人にとってのワーク・エンゲージメントには、和をもって貴しとなすという日本文化の指標は欠かせないと思います。

# 全体会議とワン・オン・ワン・ミーティングを使い分ける

社内でワーク・エンゲージメントを高めるには、２つの会議、全体会議とワン・オン・ワンミーティングを使い分けます。

全体会議（＝ホール・スタッフ・ミーティングもしくはホール・システム・アプローチ）では、グループダイナミクスと呼ばれる全体としての心理的な動きがあり、ワン・オン・ワン・ミーティングにはない気づきや発想が出てくることがよくあります。逆に、ワン・オン・ワン・ミーティング（＝1対1面談）では相手のことをより深く知ることができます。

全体会議は組織の信頼を醸成するために行います。みんなの前で言いたいことを言い、それをお互いに認めることで問題点やそれに対する解決策を共有できます。

「部署の売上を上げるにはどうしたらいいでしょうか？」

「上司に話したいのになかなか機会がなくて言えなかったことを話しましょう」

この程度で、幅のあるテーマで自由に話してもらいます。もちろんテーマ自体はその場にいる全員に関係するものでなければいけません。

また、全体会議ではファシリテーターが重要です。ファシリテーターは司会者というよりも、進行役であり、また場を活性化させる促進者です。テーマを決めて発言者から出た意見を整理し、段取りよく、意見を集約していきます。

ファシリテーターは、チーム活動の2つのプロセスに関わっていきます。

一つは、段取り、進行、プログラムといった、活動の目的を達成するための外面的なプロセスです。

もう一つは、メンバー一人ひとりの頭や心の中にある内面的なプロセスです。

部署内のミーティングは、その長がファシリテーターを務めることが多いと思います。そこでまず最初にして欲しいのは、部署のみんなが参加したくなるテーマをミーティングのテーマに設定することです。テーマが「今週の売上報告」では、まったくやる気が出ないと思います。売上報告を聞くのは当然であり、それを議題にしたら説教されるかもしれない、と思われてしまいます。そういうルーティンな発想は仕事をつまらなくするだけです。

例えば、新規の営業先の担当者がどんな人かを話すという場にすれば、面白くなってくるでしょう。そこに売上報告がついてくる流れにすれば、これが相手じゃ契約はとりにくいとか、こういう相手なら私ならこう攻めるとか、話が広がります。

ファシリテーターは場を作り出すのが役割であり、全員が自由に話す雰囲気づくりにフォーカスしてください。上司という立場のせいか、必ず教えたがったり、自分の意見でまとめたがる人が見受けられますが、教えることは不要です。社長や部門長などが一人でしゃべるような会社では、社長や部門長などには参加してもらわないほうがいい場合もあります。

## ワン・オン・ワン・ミーティングなどでのファシリテーション

ワン・オン・ワン・ミーティングは多くの場合、上司と部下の間で行われるものです。これは業務面談ではありません。個人のキャリアについての話し合いです。

「どんな思いで仕事をしているのですか？」

「何が生きがい、働きがいですか？」

上司が部下に対して行うキャリアコンサルティングという側面があります。

そのような会議をファシリテートする上で気をつけるべきは、参加者を安心させることが一番重要です。その場で話されたことが外に漏れない、評定に影響しない、人間関係を悪化させないことを徹底させる必要があります。

一方、１対１の面談ではなく、「ホール・システム・アプローチ」などとも呼ばれる多人数での全体会議（研修）ではクライアントを呼ぶのも一つの手段です。

問題は参加者が増えると忖度して話したいことを話せなくなると思いますが、それでも上司や顧客を交えての会議には意味があります。

周りに気を使わずに好きな話ができるには、そういう場を作る必要があります。

筆者は、地方自治体に招かれて、地域の人たちのコンサルティングを行うことがあります。そうした場合には、商店街の企業経営者、自治体の役人など、まるで毛色の違う人たちが集まることになります。そうした時にアイスブレイク、お互いに打ち解け合うためのゲームをやります。

3～4人のチームに分かれて、コピー用紙とテープを使って、どのチームが一番高い塔を作れるかを競ったり、伝言ゲームをしたり、簡単なゲームで場を和ませます。

エンカウンターグループ（＝出会いの場）というアイスブレイクもあります。ファシリテーターは参加者に次のように呼びかけます。

「部屋の中を自由に歩き回ってください。そしてなるべく互いの顔を見るようにして歩いてください。目が合ったら、そこでお互いに立ち止まってください」

「そのまま3秒間、目を見つめ合って、その場で止まってください。それから一言、相手の良いところを話してください」

相手の良いところでなくても、挨拶でも握手でも第一印象でも何でも構いません。否定的なことを言わないことがポイントです。

初対面ではなく、見知っている相手同士の全体会議では、互いの長所を言い合うというアイスブレイクもあります。例えば、Aさん、Bさん、Cさんがいたら、Aさんの良いところをB

さんとＣさんが一言ずつ言っていきます。

また、全体会議のテーマとして使うこともありますが「**この会社で働いて、一番印象に残っている良かったことは何ですか？**」と聞き、みんなの前で発表してもらうというアイスブレイクもあります。

なお「一番印象に残った良いこと」をテーマとして使う場合は、続けてその後に「**それを導いた自分の良さとは何だと思いますか？**」と尋ね、さらに**各自の真の良さ（真価）**を深掘りしていきます。

## 全体会議ではワーク・エンゲージメントの土台を作る

ワーク・エンゲージメントを高めるには、個人の目的と会社の目的を擦り合わせなければいけませんが、一人ひとりの目標は違います。個人としてのワーク・エンゲージメントを高めるためには、1対1の面談と、複数人で行う研修（本書ではホール・システム・アプローチや全体会議と言ったりしています）がうまく組み合わさって行われることが効果的です。

ＡＩ（アプリシエイティブ・インクワイアリー）という研修・ワークショップの手法があります。１９８７年にアメリカのデービッド・クーパーライダー教授とダイアナ・ホイットニーが発表したもので、次のように定義されます。

問いや探求（インクワイアリー）により、個人の価値や強み、組織全体の真価を発見し認め（アプリシエイティブ）、それらの価値の可能性を最大限に生かした、最も効果的で能力を高く発揮する仕組みを生み出すプロセス

ビジネス環境の変化に柔軟に対応する組織作りのためには、生き物のように環境の変化に合

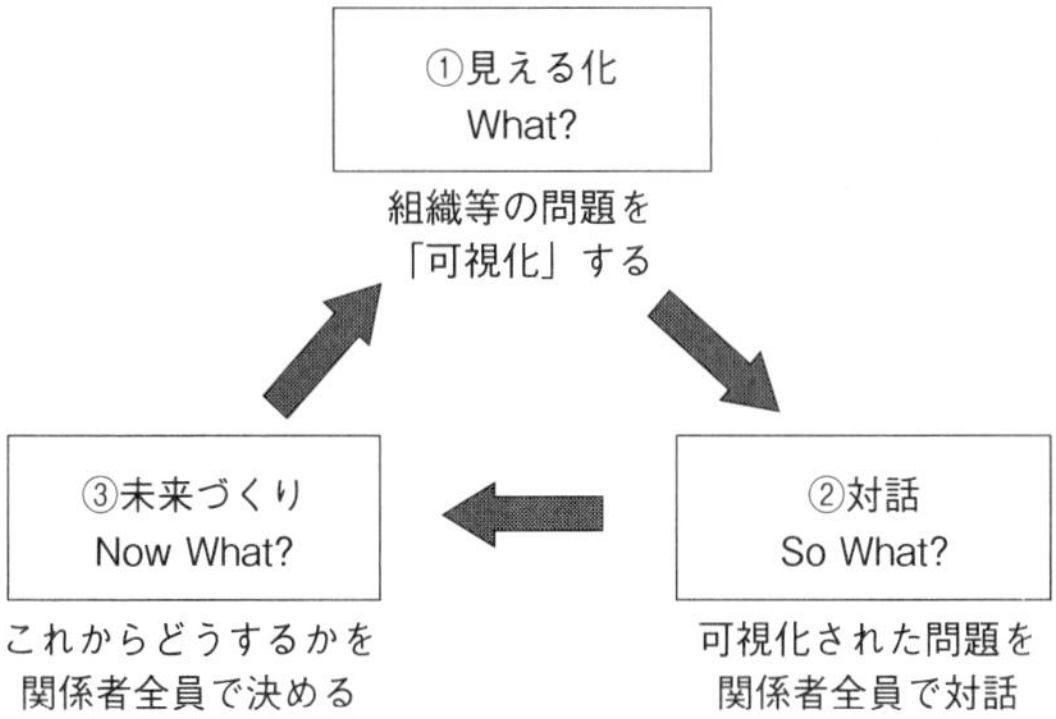
①見える化
What?
組織等の問題を
「可視化」する
②対話
So What?
可視化された問題を
関係者全員で対話
③未来づくり
Now What?
これからどうするかを
関係者全員で決める

組織や個人の強みを見える化し、対話を通して方向性を決めることで、組織の強みを生かした仕組みを作ることができる

図6-3 AIの3つの段階

わせて自分から問題解決を図り、自らの方向性を生み出す仕組みが必要になります。

そのためには、組織や個人の強みを理解（＝見える化）し、対話を通して方向性を決める（＝対話）ことで、組織の強みを生かした仕組みを作る（＝未来づくり）という3ステップが必要です（図6－3）。

ホール・システム・アプローチ（全体会議）では、組織の強みを理解して共有します。私たちの会社はこんなにすばらしい、私たちにはこんな力やスキルがある、そういうことを理解します。

自分にはこんな良いところがある、他人にもこんな良いところがある、そういう良いところを持った人たちの集まったこの会社は良い会社なんだな、と思うようにするわけです。

自分はすごい、会社はすごい、と考えるようになると、会社の方針や方向に対してもポジティブに受け取れるようになります。

反対に、部署や会社の悪いところ、社員の悪いところを並べたら、こんな会社にいても仕方がないと考えるようになってしまうでしょう。

もちろん不平不満が溜まっている場合は、ガス抜きをする必要があります。悪口でも愚痴でも言いたいだけ言ってから、良いところを挙げていきます。

一方、基本的に一対一で行うワン・オン・ワン・ミーティングでは、個人の中長期的な目標と会社の目標をすり合わせます。全体会議で土台を作っておき、ワン・オン・ワン・ミーティングでワーク・エンゲージメントを完成させます。

■全体会議（ホール・システム・アプローチ）の流れの例

全体会議では実際にどのような質問を投げかけ、話し合いをしてもらうのか、一例を挙げます。次に示す【問1】から【問5】は、ある全体会議の前に参加者全員に発せられた問いかけです。各自に事前に答えてもらったものです。この作業の後に全体会議を実施し、その後1対1の個別面談をして、ワーク・エンゲージメントを高めていくのですが、その一端が想像できますので、読者の皆さんも次の質問について考えてみてください。

【問1】　これまでの人生の中での最高の体験についてお話しください。最高の体験とは、とても充実していると感じていた時や最も達成感を感じた時、自分が自分らしいと感じた時のことなどを指しています。映画のワンシーンを見るようにイキイキとお話しください。
・それはいつのことですか？
・どこで経験したことですか？
・どのようなことがありましたか？

【問2】　その素晴らしい体験を可能にした原因についてお話しください。
・それはあなたのどのような行動や態度が関係していましたか？
・どのようなことを大切だと考えていたからでしょうか？
・その体験に関わった他の人たちとの関係はどうでしたか？
・その他あなたの最高の体験を可能した要因としては、何があったと思いますか？

【問3】　今度はちょっと視点を変えて、ご自身について考えていただきます。
あなたを最もよく知っている方が、あなたの良い点を聞かれたとすると、何と答えるでしょう。友人や知人、ご家族など、どなたでも結構です。

ちょっと照れくさいかもしれませんが、どうぞ謙遜なさらずに、あなたのもっとも素晴らしい点を、その方になったつもりでお話しください。それでは伺います。

「○○さんって、すごいんだよ。例えば最高に素晴らしいのはね…」

過去の最高の体験を思い出すことによって、あなたが最も自分らしく感じることができ、達成感や充実感を味わうことができたのは、どのような要因があったからなのかが明らかになりましたね。また、あなたの素晴らしさを他の人がどうみているかも思い出すことができたと思います。それでは、あなたが持っているその素晴らしいものがさらに強化され、より発揮されたら、どんな未来が開けてくるでしょうか？　想像力を働かせて10年後のあなたについてイメージしてみましょう。

【問4】　あなたは今、10年後の未来にワープしました。気がつくと、10年前には不可能だと思っていたことがすべて実現しています。そして、あなたは、あなたの能力が最大限に発揮できる仕事に就いています。映画のシーンを語るように、イキイキとお話しください。

・そこはどこですか？
・そこから何が見えますか？
・まわりには誰がいますか？

【問5】　最後の質問です。今お話いただいた10年後の未来から、今日を振り返ってください。
・未来と今とでは何が違っていますか？
・その素晴らしい未来を実現するために今日あなたは、どのような一歩を踏み出しましたか？

この問いは、全体会議（研修）としてよく取り入れることがあり、ＡＩという研修手法の事前準備で行っているものです。ＡＩとは、「アプリシエイティブ・インクワイアリー」（Appriciative Inquiry）という代表的な研修手法の一つです。

ポジティブ心理学という比較的新しい心理学をベースとしている手法で、アプリシエイト（自他を認め賞賛）することを基調として組み立てられている手法です。研修参加者が、自分と他者、また属している組織自体を認め、褒めていくことで、思いもよらないような組織全体としての成果につなげていこうと意図された研修です。こうした研修に続けて従業員一人ひとりとの1対1での面談を行うことで、自分と会社への肯定的な気持ちを高め、その流れがワーク・エンゲージメントを高めることにもつながっていくように研修を設計しているのです。

## 上司が部下のキャリアコンサルティングをする難しさ

前述の研修手法法や1対1の個別面談（ワン・オン・ワン・ミーティング）の話は、すべて、ワーク・エンゲージメントを強化するための一つのやり方として企業に対して提供している方法の一つです。しかし、ホール・システム・アプローチと呼ばれる全体会議の研修手法やキャリアコンサルティングの知識のない人にこうした会議のファシリテーターや面談での聴き役を務めてもらうことは難しいかもしれません。事実、私もキャリアコンサルティングの会社を経営しながら、社員のワン・オン・ワン・ミーティングは実は外部に委託しています。

上司が部下にワン・オン・ワン・ミーティングを行うと、どうしても業務面談になってしまうのです。

「あれはどうなっているの?」

「あのプロジェクトはどうなっているの?」

このような業務の話がどうしても中心になりがちです。

どうすればワン・オン・ワン・ミーティングを成功させることができるのでしょうか? まず、業務の話をしないことを徹底します。

本人が言い出す場合はともかく、話すべきはキャリアについてなので、上司から業務の進捗について聞くことはしてはなりません。業務については意識的に避け、中長期的なキャリアや仕事における目標などについて話しましょう。そして、社員の成長を目標にします。

社員が成長することを最重要目標に据えます。上司のためや会社のために仕事をするのではなく、自分の成長のために仕事をするのだという意識を徹底させるわけです。

また、自社内における研修のファシリテーターを行うことも、最近では私個人としては避けています。自社において私は社長なのですが、研修の時には、あたかも外部から依頼されて来社している外部ファシリテーターとしての帽子をかぶったほうがうまくいきます。役割の帽子をいつもの社長の帽子から外部ファシリテーターの帽子にかぶり直すわけです。

しかし、これがなかなかうまくいきません。社員からみたら、やはり社長なのです。しっかりと役割を変換できる器用さがあればいいのですが、そうでない場合には、外部ファシリテーター（研修講師）に依頼するのが無難でしょう。

## 「傾聴」を会議に応用する

キャリアコンサルティングの基本的な技術の一つが「傾聴」です。言葉の通り、相手の話に耳を傾けることですが、実際には、意外とできていないことがわかります。

傾聴を行うには、「受容」と「共感」が不可欠です。

臨床心理学者のカール・ロジャースは、セラピストに必要な3つの条件を定義しました。「受容」「共感」「自己一致」です。

セラピストは患者の話を聞くのが仕事です。傾聴ができる職人なのです。

「受容」を原文に正確に翻訳すると「無条件の肯定的関心」になります。

社長と従業員が話し合う場を設けたとします。この時、社長には「傾聴」の姿勢が必要です。その一つが「受容」＝「無条件の肯定的関心」です。傾聴を身につけていただくため、筆者がよく社長にこう問いかけます。

「あなたは従業員のことに関心を持っていますか?」

社長はあまり従業員に興味を持っていません。あくまで自分の仕事を手助けする、もしくは自分の代わりに金を稼いでくる人間、悪く言えば道具としてしか従業員を見ていない社長が多い。従業員の背景や気持ちには関心を持っていません。

「無条件の肯定的関心」の中の「無条件」というのも難しいでしょう。「うちの方針どおりに動いてくれないのなら…（君に感心など持たない）」というのでは、「条件付き」ということになってしまいます。そのような条件（例えば「方針どおりに動くなら」という条件）を付けていては傾聴になりません。相手がどのような状態や考え方であったとしても無条件に受け入れることが「傾聴」の技術です。

もちろん受け入れがたい相手もいるかもしれません。

その場合は、相手のことをなぜ自分が受け入れられないのか？を考えて自身のことを「内省」する必要があります。なんとなく嫌いではなく、若い時の自分と似ているから嫌い、自分が嫌いな自分の見栄っ張りな部分をこれみよがしに見せているから嫌いなど、嫌いな理由を内省します。そうすることで相手を受け入れられない自分自身への理解が深まります。そして、そうした自分自身を踏まえて話を聞くことができます。

そのままの状態の相手を受け入れる「受容」ができたら、次は「共感」です。「共感」は正確には「共感的理解」と言います。

欧米では「同じ靴を履きなさい」「同じ帽子をかぶりなさい」という表現もあります。相手のことを知るには、相手と同じ靴を履き、帽子をかぶる、というわけです。

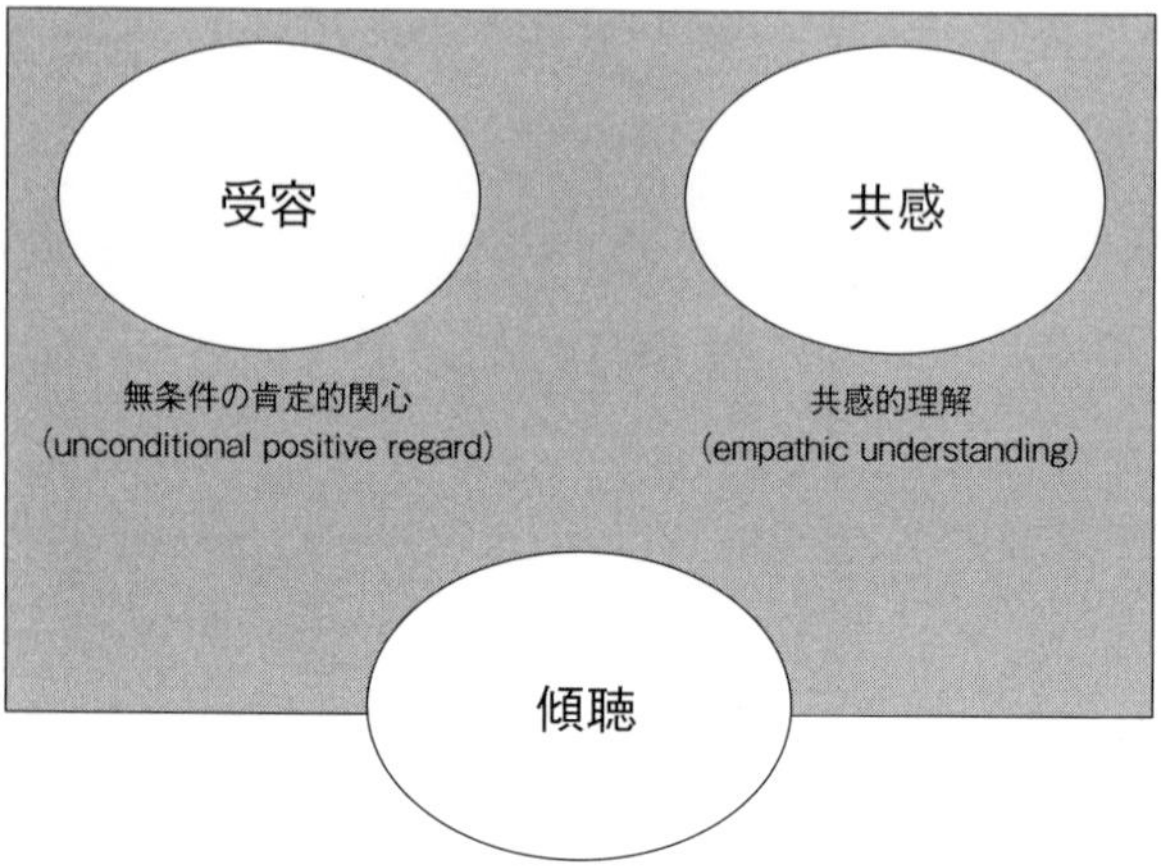


「傾聴」は「受容」と「共感」からなる。セラピストには「自己一致」も必要とされるが「傾聴」では省かれる

図 6-4　傾聴スキル

共感に似た言葉として「同感」がありますが、同感の場合、自分と相手には距離があるけれどもその部分には同意する、同じ感情を持つ、といった意味合いです。相手の靴や帽子を身につける「共感」とは大きく異なることがわかります。

相手と一体になるかのように、気持ちを合わせるのが「共感」なのです（図6-4）。

## 「共感」のために相手の言葉を繰り返す

「共感」は、はじめは簡単にはできないと思いますが、キャリアコンサルタントの傾聴の訓練では「相手の感情の言葉を繰り返す」ことを行います。

会話の中で感情が表れている言葉が出ることがあります。

①「あの時はお客様がすごく喜んで鏡を何度も見たんです」
②「ありがとうと手を握ってくださったんです」
③「うれしくて抱き合って喜びました」

こうした言葉が出た時に、次の言葉を繰り返します。

①「そうなんですね、お客様がすごく喜ばれたんですね」
②「ありがとうと、手を握ってくれたのですね」
③「うれしかったんですね、抱き合うぐらいうれしかったんですね」

大意が同じであれば、一言一句同じである必要はありません。相手の言葉を繰り返すことで相手は強い共感を感じます。

また、相手に対して「なぜその気持ちになったのか」を質問することで、共感を生むことができます。

例えば、お客様が喜んだ姿に自分も感動した、と相手が言ったとします。そこで、どうしてあなたはお客様が喜ぶ姿に感動したのですか？　と聞きます。

感動の理由は、自分の接客がうまくいった感動かもしれないし、相手が自分の年齢と近かったことで共感して一緒になって喜んだのかもしれない。あえてそこを聞き、言語化することで、その方が、自分がどうして感動したのかがわかり、感情がしっかりした形を持ち、聞き手としては相手の真意がわかることで、より深く相手を理解することにつながります。

つまり、この質問には、次の２つの効果があるのです。

・相手に自分で考えることを促す
・相手を深く理解する（共感的に理解する）

会話にあらわれる感情を見逃さず、言葉を繰り返し、質問を行うことで「傾聴」は実現します。

## 傾聴をテレワークでの問題の早期発見に活用

テレワークでの自宅勤務には、「向いている人」「向いていない人」がいます。

他人と接する時間が極端に減るので、社交的な人はつらくなるでしょうし、プライベートと仕事の区別がつきにくいために、仕事の緊張から解放されない人もいます。仕事の途中で退社時間だからと帰ることができたのに、退社時間が来てもずっと目の前にまだ終わっていない仕事が積み上がっているのがテレワークです。真面目な人には、結構なプレッシャーといえるでしょう。

性格的に向いている人でも、自宅にスペースがなく落ち着いて仕事ができない、子どもが小さくて仕事の邪魔になる、夫婦の距離感の問題などもあり、うまくいくとは限りません。

そのため、テレワークが長期化するとメンタルに支障をきたす人も出てきます。うつ傾向が強まると不眠や自己否定が始まり、長期の休みが必要になったり、仕事を辞めることにもつながります。

精神疾患は、一般的に発見が早ければ早いほど回復も早いので、発見のためにも2週間に1回程度はワン・オン・ワン・ミーティングが必要です。そして悩みを聞いてあげる。もし不眠のようなら、早急な治療が必要です。

悩みを聞き出すには、傾聴の技術が必要です。往々にして質問者は自分が聞きたいことだけを聞く傾向が強く、答える側は自分の言いたいことを言えない場合があります。傾聴は、相手の言いたいことを聞く技術であり、相づちの打ち方や目線や表情の作り方、ミラーリング（相手の動作をまねることで相手を安心させる）などのテクニックを含みます。傾聴は、これからの管理職には必須の技術といえます。

## 権限を移譲してやる気のある社員を生み出す

社員にいかにして仕事へのやる気を出してもらうかは、経営者や監督者の永遠の課題でしょう。

アメリカの心理学者フレデリック・ハーズバーグは、仕事に満足するかどうかには2つの要因があるという「二要因理論」を提唱しました（図6-5）。

2つの要因とは「衛生」と「動機付け」です。

「衛生」はこれが満たされていないと不満タラタラになってしまうという要因です。衛生という言葉からは、暗いジメジメしたところで働かされたり、病気でも休めないといったことをイメージしますが、もっと幅の広い職場環境だと考えてください。給料や通勤時間、職場の人間関係、会社の方針など広く包含しています。

「衛生」要因は不満を生み出す要素です。それが満たされていないとダメになるという要素で、それがあったから社員のやる気が出るというものではありません。古い雑居ビルから近代的なオフィスビルに引っ越したとしても、ビジネス環境は良くなりますが、だからといって社員のやる気が出るかと言えば別問題です。やる気が失せる要素がなくなっただけだからです。

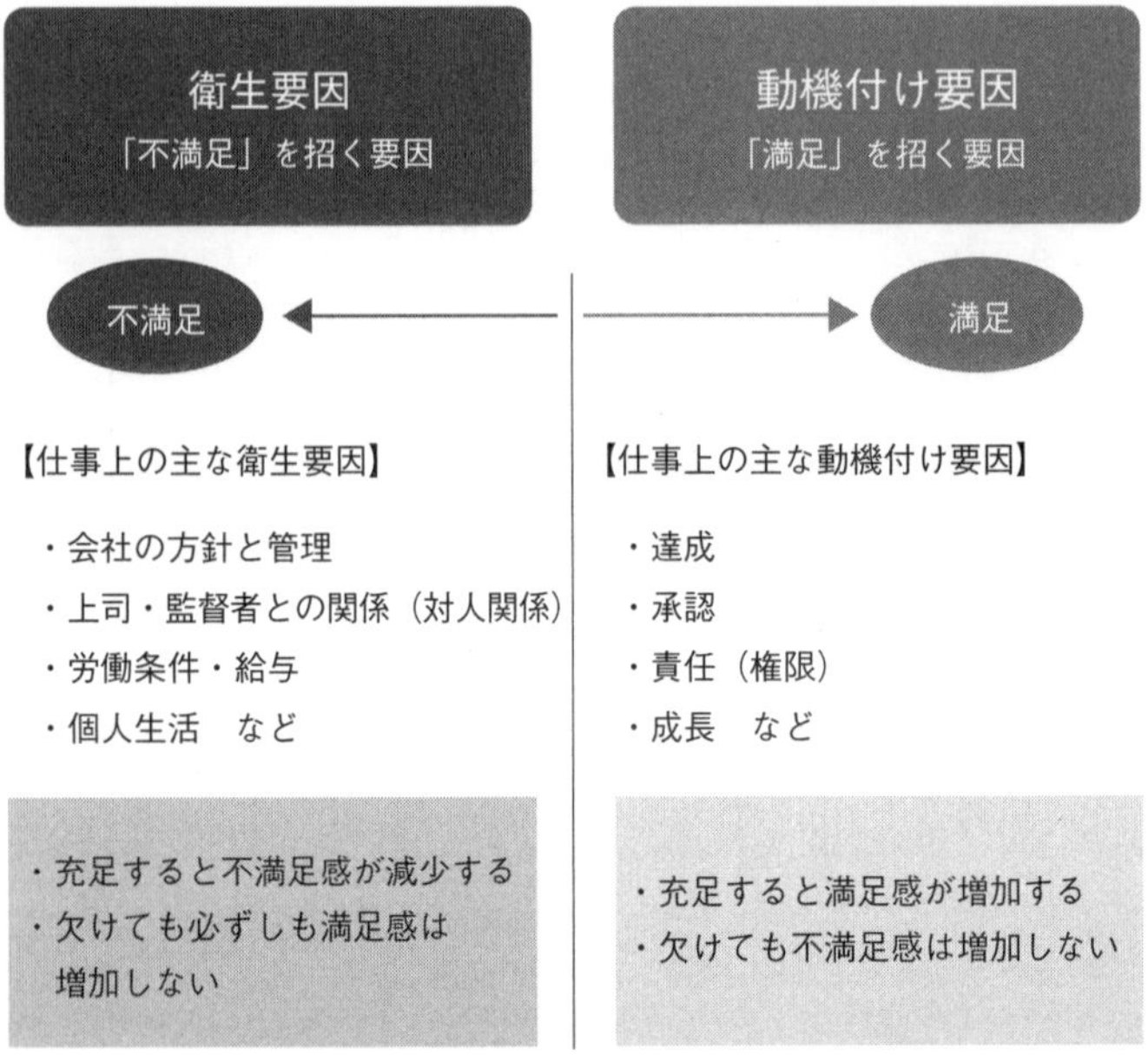
衛生要因
「不満足」を招く要因
動機付け要因
「満足」を招く要因
不満足
満足
【仕事上の主な衛生要因】
・会社の方針と管理
・上司・監督者との関係（対人関係）
・労働条件・給与
・個人生活　など
【仕事上の主な動機付け要因】
・達成
・承認
・責任（権限）
・成長　など
・充足すると不満足感が減少する
・欠けても必ずしも満足感は増加しない
・充足すると満足感が増加する
・欠けても不満足感は増加しない

「不満足を招く要因（＝衛生）」と「満足を招く要因（＝動機付け）」の組み合わせで、やる気が出るという二要因理論

図6-5　二要因理論

「衛生」要因の中には会社に就業規則が整っていることや、公正な評価基準があることも挙げられています。マネージメントの善し悪しは社員のやる気を大きく左右します。社員から見て不公平な評価体系があったら、それだけでやる気が失われます。

就業規則の中に評価基準が含まれていない会社は多いと思います。必ずしも就業規則の中でなくてもいいのですが、評価基準を明示することで、社員が自分たちがどのように評価されているのか可視化することが大事です。さらにそれが公正である必要があります。

一方、「動機付け」要因には、仕事の権限や裁量を任されることや仕事の達成感、上司や周囲に認められること、責任や成長の可能性などが満たされることなどが挙げられています。やる気を出すには「動機付け」要因を満たす必要があるということになります。自主性に任せることで社員は満足を得ますが、失敗したからといってもそこに不満は持ちません。しかし、その失敗を理由に、給与や昇進にマイナスの影響が出れば、大きな不満を持つことになります。

ワーク・エンゲージメントを高めるためにも、この「動機付け」要因は大事です。達成や承認、権限、成長といった言葉がキーワードですが、あえて一言まとめてみると、「自由にやらせること」、となるかもしれません。それが社員のやる気を引き出すことにつながるのです。

## なぜ会社に「やる気のない社員」が生まれるのか？

では、なぜやる気のない社員が生まれてしまうのでしょうか？

スタンフォード大学のジョン・D・クランボルツ教授が発表した『計画された偶発性理論（Planned Happenstance Theory）』では、8割の就職は偶然であるとされています。自分の意思で就職したと自分では思っていても、ほとんどの場合はちょっとした偶然の組み合わせで就職先は決まっているというのです。飲み屋でたまたま知り合った人と仲良くなって転職したといったことが起きるのが人生であり、そうした偶然を自分のものにできるかどうかなのだとクランボルツは言います。

では、どうすればそのような偶然を自分のものにできるのでしょうか。クランボルツは、次の5つの要素が必要だと言います（表6－1）。

チャンスをつかめる人間とは、好奇心を持ち、ずっとチャンスをつかもうと考え、少々のトラブルや運の悪さも気にせず、こだわらずに柔軟に現実を受け入れ、チャンスが来た時に飛び込む勇気がある人というわけです。

日本の就職は大学3～4年生で決まり、人生の大きな方向もそこで決まるかのように考えら

表6-1　チャンスをつかむ５つの要素

| | |
|---|---|
| ①好奇心 | たえず新しい学習の機会を模索し続けること |
| ②持続性 | 失敗に屈せず、努力し続けること |
| ③楽観性 | 新しい機会は必ず実現する、可能になるとポジティブに考えること |
| ④柔軟性 | こだわりを捨て、信念、概念、態度、行動を変えること |
| ⑤冒険心 | 結果が不確実でも、リスクを取って行動を起こすこと |

れています。しかし、その最初の就職からすでに偶然なのだということです。偶然でしかないのに、自分の人生がそれで決まったと考えるのは不健全ではないでしょうか。

社員の定着率の話で、俗に七五三と言われています。就職して３年間で、大卒は３割、高卒は５割、中卒は７割が離職すると言われてきました。なぜ辞める人がいるのかといえば、入社することで人生の選択が終わったと思っている人がいるからです。

入社することで人生が決まったと思っている人は、入社と同時に自分のことを自分で問うことをやめてしまいます。自分がなぜこの会社に入ったのか、自分がなぜこの仕事を選んだのか、自分の将来に自分の仕事をどう生かすのか、そういった自分のキャリアに対して思考停止してしまうのです。

仕事をやらされていると思うとやる気は出ません。

しかし、日本の企業の大半は、社員に仕事をやらせていると考えていますし、多くの社員もやらされていると思っています。そんな社員からやる気が出るわけがありません。

## 生産性を上げるためのセルフ・キャリアドック

これまでのキャリア形成は、あくまで企業に役立つ人材を作るという視点で行われてきました。しかし、それは終身雇用における人材育成の考え方であり、人材が流動化する中では、役には立たなくなってきつつあります。

企業が個人のキャリア形成をサポートし、個人のキャリア開発自社でできるようにすることで社員の定着率は高まりますし、有能な人材を自社に取り入れることにもなります。そのためには、「セルフ・キャリアドック」が必要です。

セルフ・キャリアドックとは、厚労省が力を入れて進めている人材育成のやり方一つで、健康診断を行う人間ドックのように、定期的にキャリア診断を実施するというものです。ここでいう「セルフ」とは自分でやるという意味ではなく、一人ひとりが定期的に受けるという意味です。

企業は制度としてセルフ・キャリアドックを行い、社員は定期的にキャリアコンサルティングを受けることを厚生労働省は勧めています。基本的なプログラムはすでにセルフ・キャリアドック導入支援事業として厚労省で整理されており、今後、企業の導入加速が期待されています。

## キャリアチェンジと生涯教育の重要性

キャリア診断「キャリアドック」を定期的に行うことには、いくつもメリットがあります。厚生労働省が期待しているのは、生産性（時間当たりに生み出すキャッシュ）の向上です。日本の生産性はOECD先進7カ国の中でずっと最下位です。日本のビジネス環境はワーク・エンゲージメントの低い、やる気のない社員に溢れた職場であると言い換えることができます。

終身雇用の弊害で、日本は衰退している産業に人が集まりすぎています。当然、生産性は落ちます。国としては、ITなど成長が期待される産業へキャリアチェンジしてほしいのですが、そのためには一人ひとりにキャリアコンサルティングを行い、中長期的な視点でのキャリア形成の見直しが必要だと考えられています。

残業時間もなければそれだけ生産性は上がるので、短い労働時間で多くの利益を生み出す働き方が推奨されるわけです。

また、日本人は勤勉で勉強好きと言われますが、データからいえば実態はそうではありません。アジアの中で生涯学習（社会人になってから大学などで新しいことを勉強したり、学び直しをすること）率は最低です。54・7％はなんらかの生涯学習をしている人の割合ですが、アジア諸国の中で、他国にかなり差をつけられています。また語学学習についても同様です（図6-6、6-7参照）。

そのため、日本でもリカレント教育（人生において教育と就労を周期的に繰り返す教育制度）を広めていこうという動きがあり、それを進めることもキャリアコンサルタントには求められています。スムーズにキャリアチェンジを行うためには、資格や知識を新たに習得する必要もあるからです。

また、うつ病患者の早期発見や減少も期待されています。ワーク・エンゲージメントが担保されていない会社で自分が本来やりたい仕事ではない仕事を、強要されてやらされているのであれば、それはうつ病発症の要因になり得ます。

キャリアドックでは、過度の仕事量ややりがいのなさ、人間関係のトラブルなどをチェックできるので、うつ病になる前に原因を取り除けるのではないかと考えられているのです。

セルフ・キャリアドックが一般的になれば、キャリアコンサルティングが必要になります。厚生労働省では、２０２１年現在で6万人程のキャリアコンサルタント（国家資格者）を２０２４年末までに10万人に増やす計画を立てています。

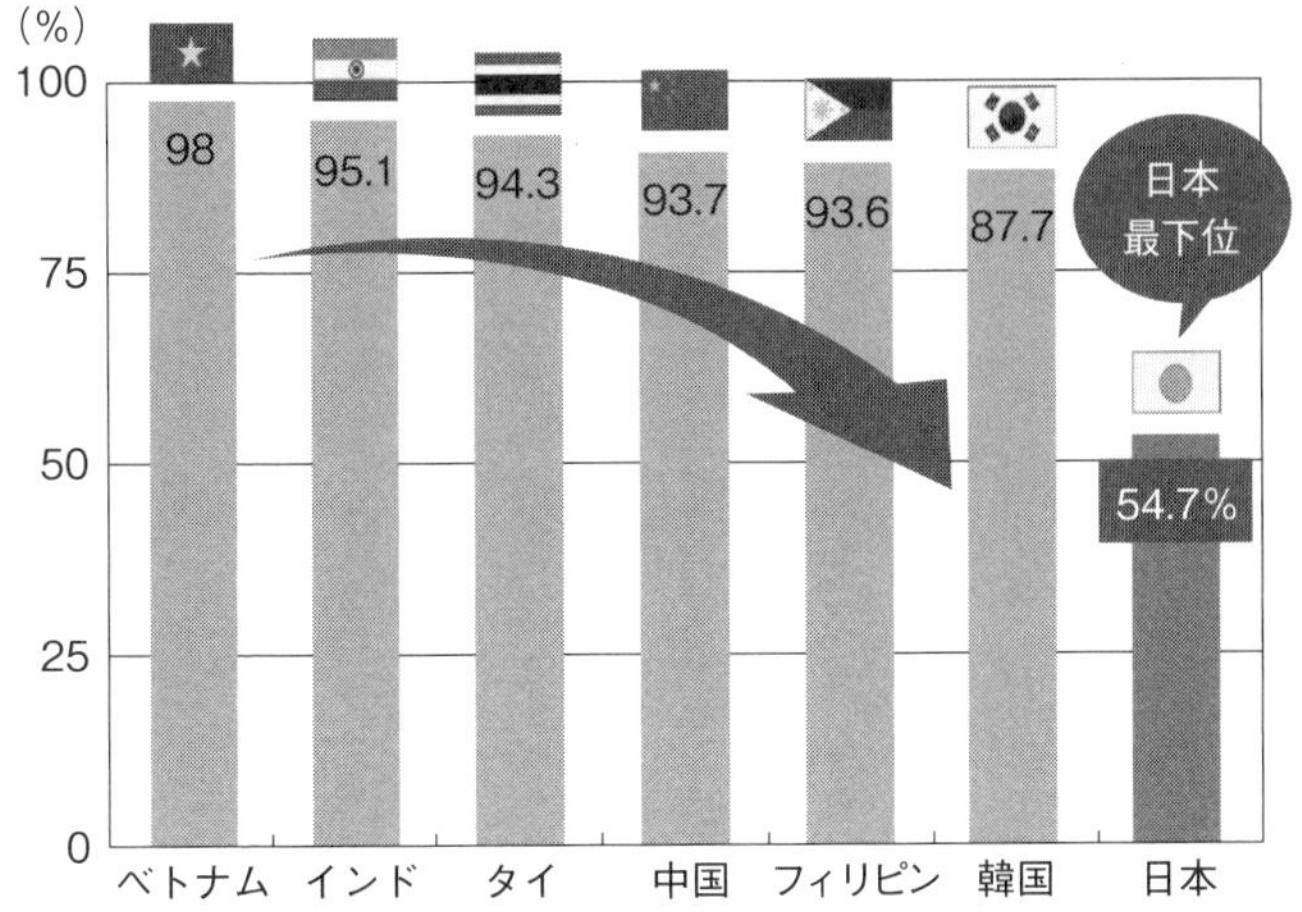


図 6-6 「自己啓発を行っている人の割合」ランキング（アジア諸国）

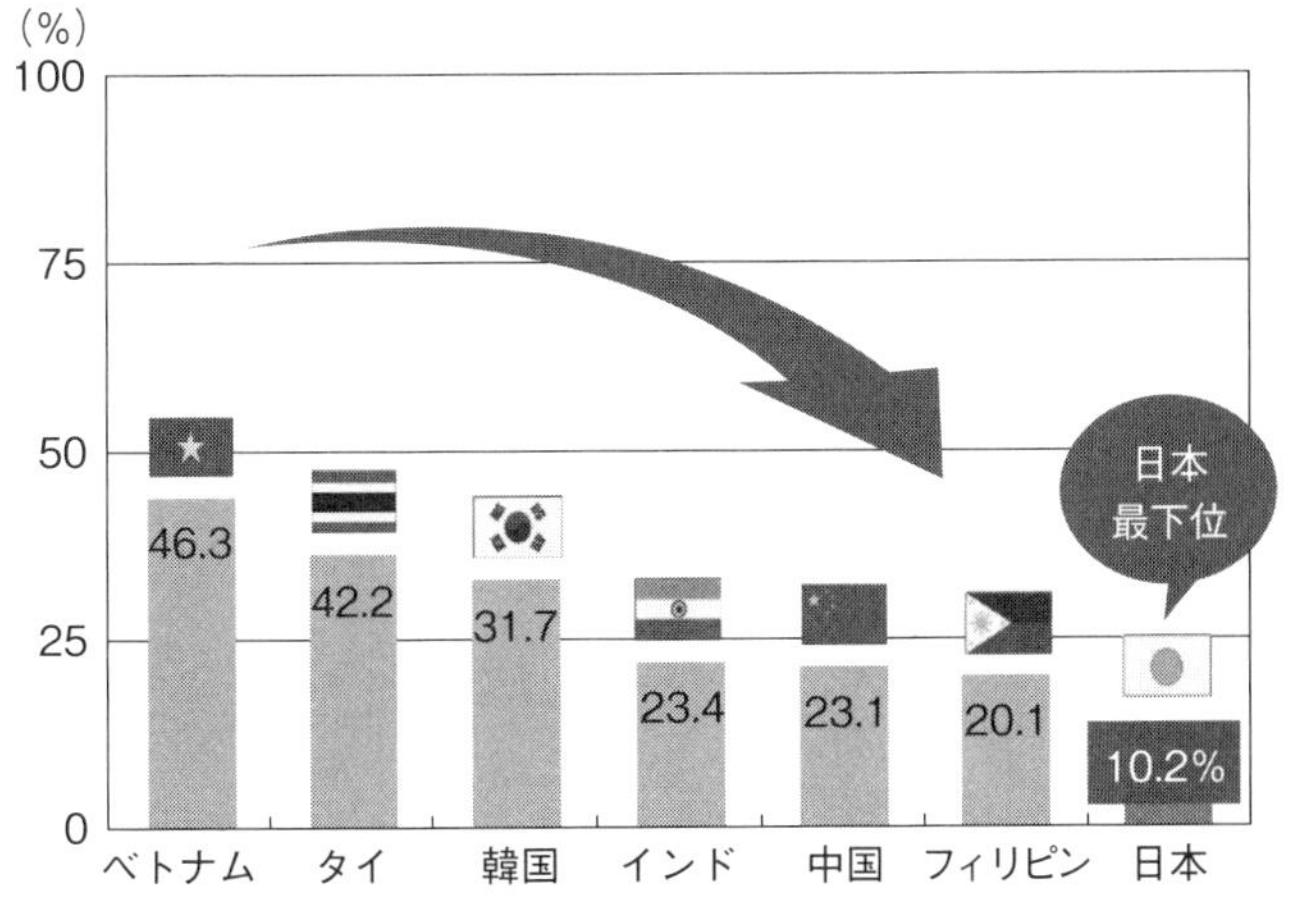


図 6-7 「語学学習を行っている人の割合」ランキング（アジア諸国）

パーソル総合研究所「APAC 就業実態・成長意識調査」2019 年（アジア太平洋地域 14 か国・地域でのインターネット調査）の結果より作成

# 求められる新しい経営者の姿

ワーク・エンゲージメントの重要性を理解していない経営者は、まだまだ多いはずです。会社は社員を働かせることで、利益を上げるものだという意識が強いままなのです。社員の自己実現の場になった会社だけが独自性を創出し、これからの時代に生き残っていけることは理解されていません。「社員の自己実現」は、「社員自身目標と会社の目標が擦り合わされている」や、「社員自身のキャリア開発、人間的成長が図られている」などの表現で、これまでも述べてきました。また、一言でそれを「ワーク・エンゲージメントが高い」とも言いました。

では、そのような状態を経営者はどう作り出せるのでしょうか?

理解すべきは、グリーンリーフ博士のサーバント・リーダーシップ哲学です。

経営者は、社員の一人ひとりの成長を支援する召使いなのです。

経営者は、相手に奉仕し導く存在だと理解しないと、これからの時代に企業は淘汰されるのは確実です。ワーク・エンゲージメントがわからない経営者は、現場からの退場を余儀なくされるでしょう。それはまた、社員でも同じです。仕事は与えられるもので、会社帰りに愚痴を言い合うのがルーティンのような会社員はもはや必要とされません。

テレワークは時間を生み出します。生み出された時間を新たな学びの時間とし、より生産性の高い業種業態や企業へキャリアチェンジしていくのが、これからのあるべき生き方です。

社員が変わる時、経営者はどう変わればいいのか。

コロナ禍の新しい生活様式は、新しいビジネス様式や新しいキャリア様式を生み出そうとしています。

参考文献

https://www.mhlw.go.jp/wp/hakusyo/roudou/19/dl/19-2.pdf
https://www.persol-pt.co.jp/news/2020/04/21/4319/
https://tokusei-lab.amebaownd.com/pages/997448/page_201705121510
https://www.jil.go.jp/institute/seika/vrtcard/index.html
http://co-ducation.com/motivator-hygiene-theory/

第7章

# ワーク・エンゲージメントを高めた実践事例

## ブランドを個人の魅力で強化

では、どのように社員や経営陣と会社の一体感、ワーク・エンゲージメントを醸成していけばいいのでしょうか。

そのもっとも基本となるのが「ホール・システム・アプローチ」という研修手法、あるいはコンサルティング手法です。本書では、「全体会議」とも言ってきました。

経営者も社員も関係する人たちを全員集めて、話し合うというものです。みんなで話し合う場を設けることで、その場で決まったことを全員が納得できます。腑に落ちると言い換えてもいいでしょう。

ホール・システム・アプローチを活用しつつ、経営コンサルティングを行った過去の事例をいくつかご紹介します。まず最初は、イタリアの飲料品メーカーです。

日本に進出、すぐに大手デパートにショップを構えました。イタリア人社長のロベルト氏の下に日本人2~3名が働いていましたが、思うように売上が伸びません。そこで、筆者がコンサルタントとして話を聞くことになりました。

まず最初に質問したのは、次の問いです。

「ロベルト社長やスタッフの方々は、仕事の何を楽しいと思っておられますか？」

経営コンサルタントの仕事は、会社の経営状態を良い方向へ修正することです。それは必ずしも○○しなさい、とアイデアを出すことではありません。アイデアを出すことが仕事だと思っている経営コンサルもいます。いくつアイデアを出せるかが、経営コンサルタントの手腕なのだと言ってはばからない方もいらっしゃいます。それは間違いではありませんが、相談されている経営陣がその気にならなければ、いくらアイデアを出しても会社を変えていく力はその企業の中に生まれません。

今回の場合も「ロベルト社長、デジタル化が重要なので、ホームページをこうしましょう」という話はいくらでもできました。でも、それを言っても自分たちのものにはならない。

まずは、自分たちでどのようにすれば売上が向上するのかを考えてもらうことです。

そのためにお聞きしたのが次の質問です。

「これまで商品を売ってきて、一番充実感を感じられたのは、どんな時だったでしょうか？」

これは一見、経営とは関係がないように見えますが、ワーク・エンゲージメントを高めることは個々人の人生の目標や仕事の目的を、会社の経営方針と合致させることです。自分たちが仕事をどう捉えているか、何が仕事をする上で楽しいのか、を明確にすることが基本になります。

私の質問に対してロベルト社長が答えたのは、

「デパートで売っていたら、以前に買ったというおばあさんが近づいて来て、お腹の調子がとても良くなったとか、牛乳を飲めなかった子どもが飲めるようになった（※ロベルト社長の商品は牛乳に溶いて飲む）とか言われたのがうれしかった」

というわけです。日本人のパートナーにも同じ質問をすると、大口の契約が決まった時がうれしかったし、充実感をとても感じたという話が出てきました。

そこで、ロベルト社長に聞きました。

「お客様がそうして喜んでくれた。それにはロベルトさんの人柄がとても影響していると思います。ロベルトさんはご自身のどこが良い点だと思いますか？」

キャリアコンサルタントは、こうしてクライアントの深掘りをしていきます。最初は「商品が素晴らしいからだ」とロベルト社長は言っていましたが、やがて「親切にお客様のことを思ったからだ。おばあさんが来た時によく話を聞いて、商品を心から勧めたことが良かったのかなあ」とロベルト社長。誠意をもって対応したことが良い結果になったわけです。これでロベルト社長の良いポイントがわかりました。彼の良い点をビジネスに結び付けていきます。

話し合った結果、ロベルト社長を前面に出した戦略を打つことになりました。今のラベルを変えて、ロベルトさんというキャラクターを出したものに変えることにしたのです。

ロベルト社長が日本にイタリアの飲料品を広げたいと思う熱意を反映させて、ロベルト社長の写真やイラストをラベルに利用し、インターネットでもロベルト社長が商品を語っていくことになりました。

こうして、ロベルトさんの熱意がそのままブランドに反映されるようになりました。

では日本人スタッフの方はどうでしょうか？

スタッフとしては売上を上げることに一番の関心がありました。

しかし、皆で集まって全体会議を行い話し合う中で、除々に、ロベルト社長が日本人に親身になって接客していることや、自社製品を心から愛していることが一見遠回りではあるが確実に売上アップにつながるということに納得できるようになってきました。

また顧客の立場に立って親身に接する、というロベルト社長の良さ（それが企業理念とも言えるものでした）が伝わり、それをブランドに結び付けていく、という方向性はスタッフとしても一人ひとり自らやりたかったことだ、ということに納得できた様子です。


以上のことから、社員と会社とのワーク・エンゲージメントで一番大事なことは、上から言われたからやるのだ、と思わせないこと。そして、上司や会社の提案や計画を自分も納得することです。つまり、自分の業務課題として、自ら設定することがポイントになります。

この中小零細企業の事例でも、その後の会議では、ロベルト氏を前面に出すことで自社ブランドが強化され、「では強化されたブランドをどのように営業に生かしていくか？」という面での提案がスタッフからいくつも出てくるようになりました。

もし、すべてのスタッフを集めての全体会議を行わず、私とロベルト氏だけが話し合ってブランドのリニューアルを決め、それをスタッフに伝えたらどうでしょうか？　ロベルト氏の熱意は伝わらず、一方的に決められたとロベルト氏への反発が出たかもしれません。

この全体会議の結果、スタッフが自社のことを語る際に、「うちの会社の強みは」のように「うちの会社」という言い方へ変化していったことは印象深い変化でした。この企業が大きな強みを得た瞬間だったとも言えます。

これまでは、給料がいいから外資系に勤めているという姿勢だったのですが、ロベルト氏と一緒に日本市場を開拓しよう、という前向きな姿勢に変わったのです。その後も、大口契約のために新規営業先の開拓に、積極的に動き始めているとロベルト氏からは報告を受けています。言われて仕事をするという受け身から攻めの営業へと、スタイルが劇的に変わったのです。

## 社員のキャリアの洗い出しから独自路線へ

コロナで大打撃を受けた飲食業界では、業態の変更をしようにも簡単にはできません。私が相談を受けた料理店も、コロナ禍でどのように経営していけばいいのか、深く悩んでいました。

席数35～40席、スタッフ7名の規模のイタリア料理店です。高級イタリアンとして順調に業績を伸ばしていましたが、コロナにより売上は7割減、休業を考えるほど厳しい状況に置かれていました。

みんなで集まって話し合う「ホール・システム・アプローチ」でスタッフ全員に集まってもらい、最初に聞いた質問は「自分たちの強みは何ですか？」でした。

同店のあるエリアにはイタリアンやフレンチの有名店がひしめき合い、激戦区として知られています。その中で生き残っていくためには、店としての個性や強みを今以上に明瞭化していくことが効果的だと考えたのです。

それには、スタッフ一人ひとりの背景やその思いを知る必要があると考え、皆さんにこれまでの経歴もお聞きすると同時に、ご自身で考える「お店自体とご自身の強み」を細かく話してもらうことにしました。

まず意外だったのは、料理人やスタッフが互いの経歴を知らないことでした。ある人はイタリアやフランスで修業し、フレンチも得意でしたし、別の人は和食の職人としての経験を語りました。そのミーティングで初めて知り、「お前、寿司握ってたのか」などと、互いに驚いていました。この各自経歴の話は、まず自身の強みに直結するのはもちろんですが、それがお店自体のUSP（独自の価値や強み）を考える時にもとても役立つ内容となっていったのでした。

なぜお互いの経歴やスキル、強みをあまり把握できていなかったのか？　料理人たちは、経営者が決めた路線で、それに従って仕事をする。完全にサラリーマン化していたともいえるのです。

そういう状況だったため、コロナ禍をどう乗り切るのか？　スタッフからはあまり意見が出ないのではないかと予想しました。しかし「どうやって乗り切ればいいと思いますか？」と尋ねると、

「テイクアウトを始めないといけない」

「デリバリーが必要」

「独自の料理を出そう」

など、いろいろな意見が出ました。強みを生かしてこその提案です。全体会議でお互いが知り合い、場がなごんできた段階では自由な雰囲気の中でいろいろなアイデアが出てくるものなのです。

話は自然と収支の問題に移っていきました。別に経営者が言い出したのではありません。従業員が自主的に全体会議の中でそこまで話を発展させていきました。

「どのくらいテイクアウトが出れば、売上のマイナス分をカバーできるのか？」

「テイクアウトが売れたとしても、収支改善にはどれほど寄与できるのか？」

会議の中では問題をどれだけ全員で共有できるかが非常に大事です。それまで経営が大変そうだが、

社長から何か指示あるだろうとタカをくくった姿勢と、現状がどうなっていてスタッフとして自分は何ができるのか？ を考えることでは大きく姿勢が違います。皆で話し合うことで問題を共有し、結論に納得することができるのです。

ではどうしていけばいいのか？

一つの結論としては「高級な創作料理」でした。昼のテイクアウトではなく、夜のメニューとしてイタリアンと和を合わせたフュージュン料理を出してはどうか？ という話にまとまりました。これも、社長からの提案ではもちろんありません。全体会議の中で従業員たちの間から自主的に生み出されてきたアイデアの行き着いた先だったのです。

各自の強みを知らないまま、サラリーマンコックとしてイタリアンという枠で発想しているだけでは、こういう大胆な舵切りはできなかったでしょう。おそらく、今あるメニューでデリバリーできるものは何かという小さな発想で終わったかもしれません。

また、社長からは自粛後にイベントを打つことで差別化を図りたいとの意見が出て、全員の賛同を得ました。

コロナ禍を乗り切るという近視眼的な取組みに留まるのではなく、コロナ禍を転換点として、大きく方向性の変化まで行うことによって、まさにピンチをチャンスに変える！ ということにつなげられたのです。

## 上司と部下のコミュニケーションが重要

キャリアコンサルタントとして、社員研修を依頼されることがよくあります。どのように研修を進めるのかは、社内の会議を進める上で参考になると思いますので、一例をご紹介します。

大手ＯＡリース会社でキャリアコンサルタントとして、入社10年までの20代社員を対象としたワーク・エンゲージメントを高める研修を行いました。

基本はホール・システム・アプローチの手法を用いるもので、対象の社員を全員集めて、語り合う場を設けました。

彼らに「この会社に入って良かったことは何ですか?」と尋ねました。

そして、「自分の良い点が、なぜそのような良い結果につながったのか?」を話してくださいとお願いしました。

皆の前で、良かったことや良い点を話し、周りからも良い反応をもらうことは、ポジティブな効果が出ます。

ところが、その中に良い体験を話せない人がいました。会議が終わった後で話を聞くと、地方支社の方でしたが、支社の雰囲気が悪いらしく、支社として達成しなければならない営業目標があるにもかかわらず、それが未達なのだそうです。成績が悪いので支社の雰囲気も悪い。

リーダーシップ理論の一つに、九州大学の三隅二不二教授が提唱した「ＰＭ理論」があります。リーダーの行動には、「Performance＝目標達成のための行動」と「Maintenance＝集団維持のための行動」があり、その組み合わせだと定義します。

売上をあげる（＝Ｐ）だけでは、職場がギスギスしてしまうので、長期的には生産性が落ちてしまいます。士気の高い集団を維持するためにメンテナンス（＝Ｍ）が必要です。

ＰとＭの組み合わせには、ｐＭ型（メンバーの結束はあるが、成果が出にくい）、ＰＭ型（メンバーの士気高く、成果も上がる理想形）、ｐｍ型（士気も低く、成果も出ない）、Ｐｍ型（雰囲気は悪いが、成果は上がっている）の4パターンがあるとされます。

この支社の場合、どうやらリーダーが典型的なｐｍ型だったのです。そこで支社に行き、私が研修を行うことになりました。

ｐｍ型になる場合、社内コミュニケーションが良くありません。上司は成績をあげろと言うばかりで、なぜ成績が上がらないのかを考えることがなく、支社内の雰囲気は最悪でした。社員同士、社員と上司のコミュニケーションがなく、上司は上から言われたことを伝えるだけでした。

まず社内コミュニケーションを良くするために、トレーニンググループ（Ｔグループ）という手法をベースとしてテーマを決めずに、組織の中で何が起きているのかを自由に話をしてもらいました。グループを少人数に分け、今の気持ちを素直に話してもらいます。

この時、重要なことは、話したことはこの場限りで絶対に外に持ち出さないことです。査定に響く、

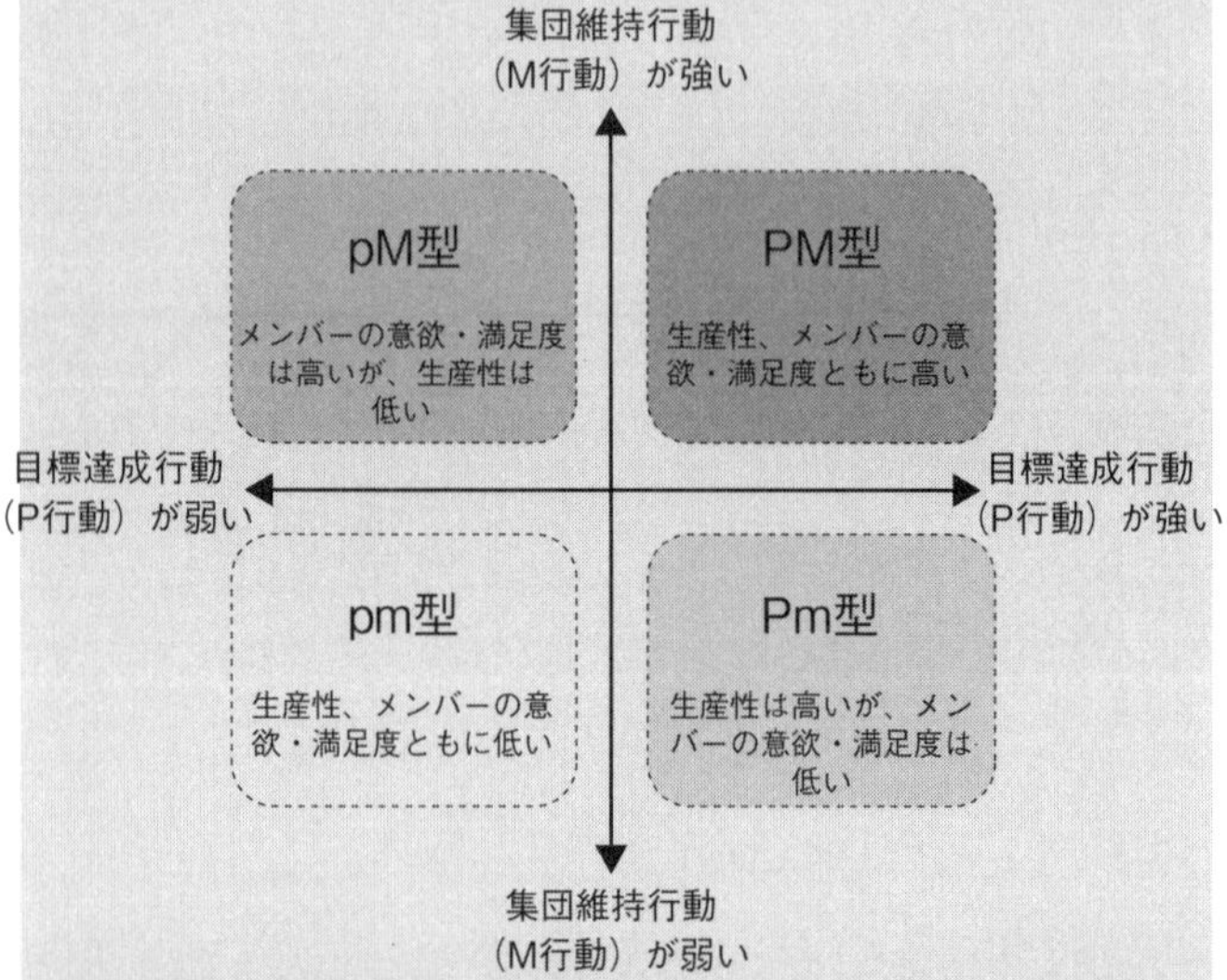


図 7-1　PM 理論

人間関係に問題が出ると思ったら、心は閉ざされてしまいます。ここは安全・安心な場なんだと、筆者がファシリテーター（進行役）として雰囲気を醸成しました。

そうすることで、徐々に上司に対して部下がどう思っているのか、意見が出始めました。

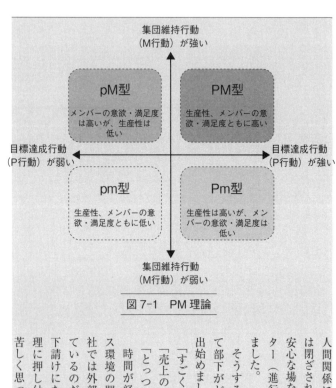

「すごく怖い人だと思っていた」

「売上のことしか言わない」

「とっつきにくい人」

時間が経つにつれて、徐々にビジネス環境の問題点も見えてきました。支社では外部の別会社と連携して営業しているのだそうです。そこが関係上は下請けになるため、そこにノルマを無理に押し付けていることを、社員は心苦しく思っていること、上司は上司で上と下との板挟みになっており、部下に高飛車な態度になっていたこと、話し合いが行われてこなかったことなどです。

「この会社に入って、こんなことを話すのは初めてです」という社員が数人いて、非常に印象的でした。

その後、支社の成績が上がり、雰囲気も良くなっているのです。

以上のことから、ワーク・エンゲージメントを高めるには、安心して話し合える場を設けることが肝要であり、それが結果的に売上向上に結び付く可能性が高いということがわかります。

## 社員の声で販売先の大幅な転換

仕出し弁当工場の例を挙げます。

社員規模250人。多くは近所に住むパートの女性で、葬儀場への仕出しが主な業務です。

この工場で問題だったのは、同族経営的な会社の中での、現在の二代目社長（四十代後半）の立ち位置でした。経理を一手に担当している古参の取締役の女性は、社長よりも十数歳程度年上の人ですが、二代目社長を子どもの頃から知っている。学校の成績が悪かったこと、その後他社に修業として就職して1年程で自社に戻ってきたが、営業成果もほとんど上げられなかったこと、社長になってからも、これといった業績を上げてはいないこと。そうしたことを皆知っていて、実は、社長のことをほとんど無視している状態とも言えました。社長はお飾りのようなもので会社を動かしているのは自分たちだ、といった意識が、古くからいる役職者にはあり、社長は社内で立場がないわけです。

とくに懸案となっている問題は先代からいる営業職の古参社員のことでした。セクハラやパワハラを起こしているのですが、やめさせられないというのです。社長はじめ役員たちも、この古参社員の件については意見が一致していて、ぜひともやめさせたいと思っています。しかしその社員だけにコンサルティングを行うと、狙い撃ちしたかのようで反感を買われると思っています。どうしたものか、と頭を抱えているという状態でした。

そこでも各部署のチーフクラスを中心に、話し合う場を設けることにしました。

集まったのは20名弱。残念ながらパワハラの当人は同席しなかったのですが、その人が来るなら出なかったという女性もいたので、結果的には自由に話ができる場となりました。

ファシリテーターとして「誰がどのような発言をしても、この場限りで記録も残りませんし、評定に使われることもありません。それは社長も了解しています」と話してから皆に自由に発言してもらうと、仕事上の不満が次々に出てきました。いわく工場の動線が悪く、忙しくなるとぶつかる、大声を出すチーフの声が隣の部署まで響く、社長の顔をほとんど見たことがない、といった声でした。

もちろん問題の古参社員の話も出ました。パートの女性のおしりを触るなどのセクハラがひどく、退職した人もいるそうです。なぜそんな人が居座っているのかと言えば、取引先との関係でした。いくつかの大口の葬儀場との契約をまとめてきたのが問題の社員であり、それは先代社長の時のことでした。彼を下手に辞めさせると、転職した先に葬儀会社を持って行かれるというのです。

このミーティングを通じて社内のコミュニケーションは以前よりも活発になりました。社員が会社に期待していることもわかりました。「社長が新しい方向や仕事を決めてくれれば、従います」という声も出てくるようになりました。

その後、コロナ自粛が始まり、葬儀関連の受注が激減します。この企業にとっては、最大の危機が、訪れたのですが、逆にミーティングを開く時間が増えたというメリットはありました。何度かのミーティングを行うなかで、「オフィス向けにお弁当を売りましょう」との意見が出ました。従業員の中には今までのビジネスモデルに固執して反対する者もいましたが、何しろ仕事がなくなってしまっているのですから新しいことを始めるしかない、ということになり、オフィス向け弁当プロジェクトが動き出すことになります。近隣の企業にチラシをまき、売上の減少分をお弁当の販売で約7割まではカバーできるまでになっているとのことです。話し合いによって社内の風通しが良くなっていなかったら、こうした社員の声があがってくることもなかったでしょう。実はこうしたミーティングを通じて二代目社長が社員の前に顔を出すことが多くなりました。社長と話したことがない、といった従業員は減り、今回の企業向けプロジェクトでは社長も最終GOサインを出す、という役割を担うこととなったのです。

くだんのセクハラ古参関連会社の件も影が薄くなってきています。なぜなら新しい仕事が立ち上がったことによって、彼が取ってきたという葬儀場関連の仕事は相対的にそのウェイトが小さくなったからです。社内での力関係の低下に比例するようにパワハラもなりをひそめているといいます。

## グループウェア導入の問題と課題

研修を受注し、セミナー講師やキャリアコンサルタントなどを斡旋し派遣する研修エージェントの会社の例を挙げます。

コロナ禍で直接営業ができなくなったため、売上が下がり始めました。そこでグループウェアを入れることで営業の効率化を進めることになりました。しかし、ここで問題が起きました。営業マンからの反発が強かったのです。

テレワークを進める上で、ビジネス環境のＩＴ化は欠かせません。ハンコを押すだけのために出社のようなことが行われているようでは、長期の在宅勤務は実現できません。会議だけではなく、これまでの日報や週報、連絡事項や経費精算など業務のほとんどを、ネット上で行う必要があり、それにはグループウェアという共同作業のためのソフトウェアが必要になります。

グループウェアは情報の共有が目的なので、営業マンが持っているクライアントリストや担当者、財務状況、売上なども全社、少なくとも営業部内では共有されます。何時に誰と役所で会って、内容は○○だったということも報告されます。名刺もすべて共通のデータベースに保存する必要がありま す。これが昔ながらの営業スタイルの営業マンの癇に障ったのです。

営業マンは個人の売上を競い合う（これも古いスタイルですが…）ので、自分のクライアントを隠したがります。どこのクライアントからいくら売上があがっている、どの地域にどういうクライアントがいるという情報は、他の営業マンに知られたくないのです。

グループウェアを導入することは、それまでの自分の営業スタイルが否定されることになります。また、営業マンは自分たちが会社を支えているという自負が強い人種です。社長からグループウェアを使いなさいと強制されたことで、さらに反発が大きくなってしまいました。

そこで、社長と営業マン全員を集めてもらいました。ホール・スタッフ・アプローチの全体会議です。まず、参加者各自で言いたいことを言ってもらい、場が落ち着いたところで、個別のキャリアコンサルティングをすることがとても効果的であると説明します。1対1でのキャリアコンサルティングを営業マン全員に実施し、その後もう一度、全員でのミーティングを行いました。

結果として、社長は営業マンにグループウェアを使うように強要はしないことになり、各自が使える部分を使うことにしました。例えば、名刺を共有化し、誰と会ったのかをアバウトに報告するなどで納得し、互いの落としどころを見つけた形になりました。

話し合いを持って良かったのは、営業マンが社長に対して持っていた不信感をぬぐい去ることができたことでした。

ある日、ソフト会社の社員がやってきて、若い子に教えるように自分たちを扱い、社長からは、やれと言われ、自分のこれまでの営業手法をまったく否定するかのように社長が勝手に考えたようなシステムと感じていました。そんなグループウェアを導入しろと言われても絶対使わないと、かたくなな態度であった営業マンたちのマインドに、その後変化が起きたのです。なぜ社長がグループウェアを入れたがるのか、その理由がわかり、理解を示せるようになりました。
社長としては、営業マンの中には60歳を越えている人もいて、会社の今後を考えれば若い人も入れていきたい、そのためにはどうすればいいのかと考えて、グループウェアが必要だと思っていたのです。そうした社長の考えも社員に伝わったというわけです。

「腹を割って話す」と言いますが、立場の違う者同士が、互いに納得するまで話し合うことで、ワーク・エンゲージメントは高まるのです。

第８章

# 売上が10分の1になっても、あきらめなくて大丈夫！

# 苦しい時期こそ、経営者と社員の思いをすり合わせる

コロナ禍で社員の解雇に追い込まれている会社は多いと思います。筆者が代表をしている組織では、売上が下がっていたので、3年間の無利子融資を借りたり、生命保険の契約者貸し付けでなんとか乗り切る算段をしていますが、今まで30年以上経営をしてきた中では、泣く泣く、自社の社員を解雇したこともあります。それは非常に苦しい経験でした。

また、個人事業者として仕事をして来てから、ある時点で法人組織に切り替えたのですが、個人事業の時には何でも自分一人でやっていました。社員を雇うようになってからも、個人事業者の感覚が抜けず、社員ができないとその仕事を取り上げて、自分でやってしまうこともよくありました。自分ができることをなぜ社員ができないのか理解できず、お前は優秀じゃない！、という感覚で社員と接していた時期もあります。

そうした自身の反省も踏まえてなのですが、このような厳しい社会情勢の時こそ、社員を信頼して社員に任せたほうが絶対にうまくいくのです。自分が一人でがんばらなければ、と思わなくていい。自分の思っていることと社員の思っていることのすり合わせができていれば、大いに任せても大丈夫なのです。

## アイデア×テレワーク×ワーク・エンゲージメントで、チャンスを創る！

30年以上にわたって、テレワークの普及に尽力し、よくわかったのは、テレワークは手段であり、ワーク・エンゲージメントがうまくいくことこそが、一番重要だということです。社員がやる気をもって仕事をする、ワーク・エンゲージメントできる環境づくりにテレワークは活用すべきもので、テレワークを始めたからといって、それだけで社員と仕事がエンゲージメントされることはない。発想としては、初めにワーク・エンゲージメントありきなのです。

コロナ禍でテレワークが広がったのは、社員との関係をエンゲージメントするチャンスだと考えるべきでしょう。この窮状をどのように切り抜けるのか、社員一人ひとりが嫌でも考えなければいけない状況に置かれているのです。テレワークの普及によって社員が自発的に考え、自立を促すことができる環境になったと考えてください。社員一人ひとりが、会社の業績回復のためにアイデアを出す環境になったと言い換えてもいいでしょう。

ワーク・エンゲージメントとは、社員・従業員が思い描く自分の将来と会社が考える将来とのすり合わせができている状態です。会社が倒産しかねない現状でどう生き残るかを真剣に考えるようになったことも、理想的な社員と会社の関係を創り出しているといえます。

## 経営者と社員は、共に自立した関係を目指せ

会社は社員のためにあります。社員がなりたい自分になるために会社が存在するという、新しい労使関係に基づいた会社経営でなければ、令和の時代に会社が生き残ることはできません。

優秀な人材を自社にとどめ、新たな才能を呼び込むには、経営者はサーバント・リーダーシップを発揮する必要があります。社員の将来をサポートするのが経営側の仕事であり、それによって社員は成長します。会社は何よりも、社員の自己実現の場として環境を整えることで、社員と会社の理想的な関係を築くことができます。

だからといって、会社の将来像と社員の夢が完全に一致する必要はありません。経営サイドが会社を上場させるのが夢だとしても、それを社員全員が共有する必要はないでしょう。もちろん全体一体となって、一丸となって取り組めたとしたら、それに述したことはないでしょうが、どこかでベクトルが合っていればいい。一部であっても擦り合わせができていれば「ワーク・エンゲージメント」は高まると言えます。

社長や経営スタッフは、社員から学ぶことも多いでしょう。社員が自発的にいろいろな意見

を出し、それに耳を傾けることで経営側も成長できるのです。筆者も社員に言われて、変わらなければいけないな！とよく考えさせられます。

会社は社員を育て、経営者も社員によって成長するのです。

# 社長の最も大きな仕事は、社員にキャリアビジョンを持たせること

社員の夢を社長はしっかり聞いてあげる必要があります。理想形の一つは社長自らが、キャリアコンサルティング面談を社員と行うことです。キャリアコンサルティング面で、社員とする話は業務面談とは違います。あなたはどうなりたいのか、会社のことから離れて話してほしい、というスタンスで、どうなりたいのか？を聞き出す。そこでは仕事の夢をヒアリングして引き出せる技術が重要になります。

こうして聞き出す夢とは従業員一人ひとりの「キャリアビジョン」のことです。仕事の上で、自分がどうなりたいのかです。そうして聞き出した相手のキャリアビジョンと会社としての将来のビジョンをうまく重ねていくことで、ワーク・エンゲージメントが高まります。創造的な面談ができる。

従業員が、年収でいくらもらえるようになりたいと言ったら、その年収相応の自分の姿を想像してもらいましょう。どういうポジションでどういう仕事をしているのか？その時どういう生活をしているのか？具体的なイメージを持つ手助けをします。

個人的な夢や目標を仕事に反映させることで、会社への帰属意識を高め、やる気を出させることにつながります。

## 経営者はキャリアコンサルタントになりなさい

社員にキャリアビジョンを持たせる手法こそが、キャリアコンサルタントが行っている仕事です。上司が部下に対して、キャリアビジョンの手助けをする仕組みを社内に作れば、社員はキャリアビジョンを持って仕事に自主的に取り組むことができる。

キャリコンサルティング面談を、経営者が行うと部下がなかなか本音を出さず、だんだん業務面談のように売上や個人目標の話になるのは、これまでも何度か述べてきました。

これを避ける一つの手法は、**「グループで話をする」**ことです。社員・従業員を集めて話をさせ、それを聞いていく。

「グループで話をする」ということについては、今までもホール・システム・アプローチや全体会議という言葉を使って、何度か話をしてきましたが、少し抽象度を高めて言うと、それらは皆、**「組織キャリア開発」**という手法の一部とも言えます。これは個人ではなく組織の改善をも目指します。個人のキャリア開発の支援には、個人のキャリアと同時に組織改革が必要となる場合も多く、それを同時に行うことに特に焦点をあてたときの言い方が「組織キャリア開発」となります。個人のキャリア形成をするように、組織改革によって組織のキャリア形成

（組織の成長・発展）も図れるのです。

またこの「組織キャリア開発」の技法の中には当然組織活性化の技術も含まれています。グループをどうファシリテート（促進）していくか？という1対多の活性化手法ですが、そうしたファシリテーションスキルを用いて「グループで話をする」ことによって、組織が活性化していくのです。また、キャリアコンサルティングを活用することで、組織を構成する一人ひとりの個のレベルからの変革も含みこんだドラスティックな組織改革を行えます。

「グループで話をする」は、ホール・システム・アプローチ（全体会議）として行えれば、それに越したことはありません。

「ホール・システム・アプローチ」は、少しわかりやすい言い方にすれば「ホール・スタッフ・ミーティング」です。まさに全体会議のこと。しかしあえて「システム」という言葉を入れているのには理由があります。

「システム」とは、一部が全体に影響し、また全体は一部に影響する、という意味です。どういうことかというと、社員・従業員のうちのたった一人でも変われば、それが組織全体にも影響する。逆に組織が変われば、それは社員・従業員の一人ひとりに影響する、ということです。

「グループで話をする」これは「対話する」と言い換えていいのですが、そうした対話が、そこに参加した個人を変えることにつながることもあるし、またその対話の場、という場自体を変化させることもある。

皆さんには、何人かで会合や雑談などを行っていて、何かのきっかけで場が変わったな、と感じたことはないでしょうか。ある人の発言で場の雰囲気が一変した、あるいは、一つの資料が映し出されたことで、場が一瞬にして大いに盛りあがった、といったような経験です。こうした時のことを考えてみると、そこに居た一人ひとりに、何らかの「はっ」とした気づきのようなものがあり、その一人ひとりの気づきの集積（和）が場全体を変化させた、と捉えることもできます。一方で「場そのもの」が変わったから、その影響を一瞬にして受けて個々一人ひとりに気づきが生じた、というようにも感じられないでしょうか。

こうした、全体の場の変容、あるいは「場としての気づき」が個に影響を及ぼす、といった捉え方はとても興味深いものです。

「対話」を通じて、何が期待できるか。

それは、**一人ひとりでは成しえなかった、新しいアイデアの創出**です。

ビジネスで言えば、例えば「うちでは、こんな新しいビジネスを始めたら面白んじゃないか」「今だからこそ、うちのリソースをうまく使えば、こんなことができるかもしれない」といった新しいアイデアの創出です。それはイノベーションと言い換えてもいいかもしれません。

「グループで話をする」という場を設け、それをうまくファシリテート（促進）させることで、場それ自体が、何らかの気づきを得て、そしてそこから、新しい、すばらしい何かが生み出されていくことがあるのです。

そうした「グループで話し会える場」を設定できるのは、まさに経営者、経営側の役割かもしれません。

キャリアコンサルタントが持っているスキルは、1対1の面談技能と、それにプラスしてグループや組織の場をファシリテートできる1対多の「グループアプローチ」スキルです。

この2つのスキルを併せて、前述したように「組織キャリア開発」のスキルと呼んでいるのですが、読者である経営者や経営スタッフの方々にぜひご提案したいのは、そうした「組織キャリア開発」のスキルをぜひ身に付けて、貴社で、そのスキルを用いていただきたい、ということです。

**1対1の面談スキルは、社員の「ワーク・エンゲージメント」を個別に高めることに寄与します。**

**1対他のグループアプローチスキルは、場の力を引き出し、会社に新しい何かを生み出す契機を与えてくれる可能性があります。**会社のイノベーションに寄与するということです。

またもちろん「ワーク・エンゲージメント」を組織全体として高めることにもつながりま

す。1対1面談では、どうしても業務面談的になってしまうことが多い、というデメリットにも対処できる方策となりうるのです。

筆者自身はキャリアコンサルタントであり、また国家資格キャリアコンサルタントの養成講習も行っているという立場から、本書ではキャリアコンサルタントについて何度も言及してきました。また一方で、30数年続いている企業の代表でもあります。そうした2つの立場を統合して、本書を構成してきました。

いま、私たちは、明日何が起きるか見通しが立たない、常に変動し、不確実で、複雑で、また曖昧な時代を生きています。経営者は、その中で（私も含めて）とても危うい立場に追い込まれることも多いのですが、そこでは、いったい何が真の意味での「頼り」になるのでしょうか。

お金？　自分の能力？　商品価値？　ブランド？　…もちろんそうした要素もあるでしょう。しかし、いま真に頼りになるものとして心から思っているのは、それは自社のスタッフあるいは自社のビジネスに関わってもらっている外部スタッフ、つまり、「人というリソース」なのではないか、ということです。

本書では「ワーク・エンゲージメント」を主として扱いました。それを筆者が30数年来、進めてきたテレワーク社会との関連で話してきたことも多かったと思います。

そうした中で、もっとも強調したかった点、それは人との信頼関係ということに帰着します。

もしも、コロナ禍などの影響によって、会社の売上が10分の1といったように大幅に落ち込んだとしても、創業以来の危機的状況が目の前に迫ってきたとしても、それを跳ね返す力（エネルギー）は、必ずあります。

それは、経営者個人のエネルギーだけではないのです。ワーク・エンゲージメントが高まった会社のスタッフ、そしてそのスタッフたちが集っている会社という「場」、その中にこそあるのです。

ここでいう「場」は、テレワーク時代には、必ずしもオフィスという物理的な場のことだけを指すものではないことを強調してきました。「ホール・システム・アプローチ（全体会議）」にしても、物理的に一同に介さなくてもいいのです。オンライン上に、場は十分に現出することが可能です。

ニューノーマルとも言われるテレワーク時代に、ぜひ「ワーク・エンゲージメント」を高めた組織を目指して、スタッフも含めたホール・システムとして貴社にイノベーションを起こして、業績を拡大、あるいはV字回復していただきたい、と強く願っております。

■著者紹介

柴田　郁夫　（しばた　いくお）

株式会社志木サテライトオフィス・ビジネスセンター　代表取締役社長
一般社団法人地域連携プラットフォーム　代表理事
キャリアコンサルティング技能士１級、国家資格キャリアコンサルタント

1956年東京生まれ。早稲田大学理工学部建築学科卒業。同大学院理工学研究科修了。

1988年より、日本のテレワーク発祥の地と言われる志木サテライトオフィスの運営に携わる。

現在、株式会社ではコワーキングスペース、公的職業訓練、民間学童保育等を展開。

一般社団法人では、国家資格キャリアコンサルタント養成講習や更新講習を主催している。


【著書】
・SOHOでまちを元気にする方法 — 自治体との協働ガイド（ぎょうせい）
・国家資格キャリアコンサルタント　学科試験　要点テキスト＆一問一答問題集、働く人を幸せにする援助職 — 国家資格キャリアコンサルタントになるには!?（秀和システム）　など多数

**ワーク・エンゲージメントの実践法則**
**— テレワークによって生産性が下がる企業、上がる企業 —**

---

2021年9月10日　初版第1刷発行

■著　　者——柴田郁夫
■発 行 者——佐藤　守
■発 行 所——株式会社 大学教育出版
〒700-0953　岡山市南区西市855-4
電話（086）244-1268　FAX（086）246-0294
■印刷製本——モリモト印刷㈱


ISBN978－4－86692－150－1